DIANORA DELLA TORRE ARRIGONI

IL COLORE NELLA PITTURA
Materia e spiritualità

INDICE

Colori pompeiani

Luce divina nel colore

Provenienza delle materie prime

Il contributo degli Alchimisti

I primi trattati medievali sui colori

I Codici Purpurei

Manoscritti miniati

I colori nel De Arte Illuminandi

Gli azzurri nella pittura medievale

Il Libro dell'Arte di Cennino Cennini

Nella bottega di Cennino

I colori di Cennino

PREMESSA

Questo testo nasce dal desiderio di rispondere ad una aspettativa culturale di molti appassionati di arti pittoriche consapevoli dell'importanza fondamentale che i materiali hanno sempre avuto nella creazione di un'opera d'arte. E' sorprendente invece vedere come la storia dei materiali artistici sia regolarmente trascurata da qualsiasi manuale di storia dell'arte. Se è vero da un lato che la materia non basta da sola a creare un capolavoro, è anche vero che i limiti o le potenzialità dei materiali pittorici disponibili nelle varie epoche hanno ridotto o potenziato le possibilità dell'artista e la sua forza espressiva.

In totale accordo con le parole di Philip Ball quando afferma che " L'uso del colore nell'arte è determinato dai materiali a disposizione dell'artista almeno quanto lo è dalle sue inclinazioni personali e dal contesto culturale in cui opera", nasce questo panorama essenziale della storia del colore nel suo duplice aspetto, materiale e spirituale; un storia che parte dalle pitture preistoriche e arriva sino ad oggi in un percorso lungo il quale si intrecciano ed interagiscono chimica, storia dell'arte, significato del colore nelle varie epoche e la tecnica d'uso del colore da parte di alcuni grandi maestri anche attraverso l'esame della loro personale tavolozza.

Una lettura di partenza per avere una chiave di interpretazione in più quando si guarda un dipinto, uno stimolo per un ulteriori approfondimenti.

1) LA RICERCA DEL COLORE

E la natura donò il colore

Risalire con certezza al momento in cui l'uomo iniziò ad usare le prime sostanze coloranti è ancora impossibile; tuttavia non ci sembrerebbe azzardata l'ipotesi che la ricerca del colore e l'attrazione per materiali colorati abbia accompagnato gli esseri umani fin dalla loro comparsa; le più antiche testimonianze certe sull'uso dei primi pigmenti risalgono al periodo Paleolitico; l'uomo di Neanderthal, il primo che iniziò ad inumare i defunti, dipingeva le salme con Ocre rosse; con la comparsa dell'uomo di Cro-Magnon le ocre colorate divennero d'uso corrente; le ocre rosse venivano poste sul cranio e sul petto dei defunti come testimoniano ritrovamenti di circa 30.000 anni fa; poi si iniziò ad adagiare i corpi su consistenti strati di terra rossa; quest'usanza si ritrova diffusa su un'area geografica vastissima: sepolture di questo tipo sono state trovate in molte località europee ed è presente nella preistoria di altri popoli in altri continenti. E' più che probabile che già a quel tempo l'uomo avesse associato il rosso al colore del sangue a sua volta associato alla vita e che tale usanza fosse per scopi magico-rituali. In Francia nella grotta di Arcy-sur-Cure vi è uno strato dai dieci ai venti centimetri costituito da un'ocra rosso-violacea; non si sa a quale scopo sia stato accumulato questo enorme quantitativo di colore; esso è tuttavia un'indubbia testimonianza di quanto fosse importante per l'uomo preistorico ciò che aveva colore e potere colorante; nella stessa grotta furono trovati numerosi reperti databili a 40.000 anni fa che rivelano abbondante impiego di Ocra gialla; per alcuni studiosi a questo stesso periodo risalirebbe già la capacità di trasformare l'ocra gialla in ocra rossa mediante il processo tecnicamente detto di calcinazione, ovvero bruciando l'ocra gialla ad una temperatura di circa 200° e sottraendo così l'acqua alla Limonite che si trasforma quindi in Ematite; nel sito di Troubat (Hautes Pyrénées), abitato tra gli 11.000 e i 6.500 anni a.c., sono stati trovati blocchi di ematite che dalle analisi risultano costituiti per il 25% di goethite (1) calcinata: l'uomo del paleolitico dunque avrebbe scoperto che il fuoco era anche uno straordinario e potente mezzo per la trasformazione della materia.

Durante tutto il Paleolitico superiore compaiono in Europa pitture rupestri in grotta; quale che sia stato lo scopo principale di queste pitture, esse rivelano una tavolozza già molto ricca ed una consapevole tecnica artistica.

La tavolozza degli artisti di Altamira e Lascaux

Le grotte di Altamira in Spagna e di Lascaux in Francia sono certamente le più famose e le pitture in esse realizzate dagli uomini del Magdaleniano circa 15.000 anni fa sono le più fotografate e riprodotte dall'editoria mondiale.

Gli artisti che dipinsero il tetto e le pareti di queste grotte manipolarono deliberatamente i materiali naturali a loro disposizione a scopi artistici. I pigmenti usati sono il frutto di un uso consapevole per ottenere colori resistenti e vivi. Attingendo alle risorse naturali gli artisti del Paleolitico Superiore crearono una gamma incredibilmente vasta di colori; nei depositi preistorici della regione franco-cantabrica sono stati identificati una quindicina di colori diversi, quasi tutti di origine minerale.

Terre, ocre e minerali colorati sono stati usati ininterrottamente nel corso di tutta la storia; usate da tutte le civiltà le terre si prestano ad una vasta gamma di decorazioni, da quella del corpo alla pittura parietale. L'ottima stabilità del colore ne spiegano l'uso vasto e prolungato; il loro colore non è brillante, ma offrono un'ampia gamma di tinte e sfumature che permettono piena libertà all'espressione artistica. La maggior parte delle terre naturali trae il proprio colore dalla presenza di minerali di ferro che si trovano in abbondanza nello strato superficiale della crosta terrestre con una grande varietà di colorazioni: ocre gialle e rosse, terre verdi, terre brune e idrossidi di ferro allo stato più o meno puro. Ferro e ossigeno infatti possono combinarsi tra loro sotto forma di ossidi, in rapporti molto diversi; le colorazioni dei composti risultanti dalle diverse combinazioni variano dal giallo al violetto attraverso una vasta gamma di rossi e di bruni: questi composti vengono comunemente chiamati "ocre". Tecnicamente con il termine "ocra" si intende solo il prodotto estratto dalle sabbie d'ocra attraverso un processo che implica la polverizzazione e la separazione in acqua dei granuli quarzosi dall'argilla e dall'ossido colorato: mentre i primi, più pesanti, si depositano nel fondo, i secondi, più leggeri, galleggiano in superficie; raccolto il liquido e fatta evaporare l'acqua ciò che resta è "ocra".

Le ocre sono prodotte dall'ossidazione di materiali contenenti ferro; tale processo di ossidazione si verifica nel luogo stesso in cui vengono trovate.

Tra gli ossidi di ferro, Ematite e Limonite sono i più importanti.

L'ematite, nella forma di minerale roccioso, è nera con riflessi metallici; quando viene grattata per essere polverizzata assume un colore rosso scuro; da qui l'origine del suo nome che deriva dal greco " haimatites" (= pietra sanguigna). A seconda della grandezza dei granuli la polvere di Ematite assume colorazioni dal violetto-porpora al rosso, all'arancione. La limonite è un minerale il cui colore varia dal giallo al giallo bruno e conferisce la colorazione tipica alle ocre gialle.

L'ocra possiede una serie di caratteristiche positive che ne ha reso possibile l'uso in tutte le tecniche artistiche e come colorante in tintura sia da sola sia con altre sostanze che ne favorivano la fissazione sulle fibre; nella stampa tessile è stata usata fino a tempi recenti. Ogni diverso tipo di ocra può essere mescolato con tutti i bianchi, resiste alla luce e all'esposizione all'aria e all'umidità; si può lavorare con ogni tipo di legante ed essere quindi usata in tutte le tecniche pittoriche: acquerello, affresco, tempera, olio. L'ocra si trova in rocce di tutte le età geologiche poiché la sua formazione non è avvenuta in un'era geologica particolare. In Europa sono particolarmente abbondanti in Francia, Spagna, Italia. Quando quantità variabili di ossido di manganese sono presenti nella limonite si hanno le Terre brune, da noi conosciute come Terra di Siena e Terra d'ombra. Le terre brune , a differenza delle ocre che sono state affiancate molto presto da altri pigmenti gialli e rossi, sono state l'unica fonte per i pigmenti bruni: resistenti alla luce, inerti in miscela con altri pigmenti, si possono utilizzare in tutte le tecniche pittoriche. La terra di Siena è composta da idrossido di ferro, ossidi di manganese, argilla, acqua; la terra d'ombra differisce dalla terra di Siena per una maggiore quantità di ossido di manganese e carbonato di calcio e una minore quantità di ossido di ferro e acqua; la sua composizione varia molto a seconda del luogo di provenienza.

Nei dipinti delle grotte di Lascaux e Altamira sono stati identificati dei pigmenti a base di ossido di ferro e di manganese, ma poiché mancano notizie precise sulla proporzione dei componenti non è possibile stabilire se si tratti dell'una o dell'altra terra. La terra d'ombra fu comunque sicuramente usata poiché è stata identificata tra i pigmenti conservati nella cavità di grosse conchiglie ad Altamira. Per i bianchi si usava polvere di calcari marnosi o calce, per i neri sin da 35.000 anni fa si faceva uso di biossido di Manganese naturale e di Carbone vegetale, con il quale si delineavano i contorni delle figure, usati inizialmente per pitture monocromatiche. Le materie coloranti, polverizzate con pestelli di osso o di ardesia, erano impastate con acqua e grassi animali. Gli artisti del Magdaleniano praticavano già la miscela dei colori e avevano scoperto l'importante funzione degli additivi, sostanze neutre che esaltano le proprietà cromatiche dei pigmenti e ne aumentano la durata e stabilità; in molte pitture rupestri i pigmenti sono stati mescolati con argilla, talco, feldspati potassici o granito, minerali che sono tutti comuni in natura e che contribuiscono a conferire ai materiali pittorici particolari caratteristiche quali una certa iridescenza alla superficie dipinta, come nel caso in cui venga usata della biotite, una mica nera presente nel granito.

In tutte le pitture della preistoria si nota l'assenza di due colori, il blu e il verde; per il primo non c'è da stupirsene eccessivamente data la rarità di minerali blu; per il secondo invece tale assenza risulta piuttosto strana data la presenza alquanto abbondante di terre verdi nelle aree delle grotte dipinte e la loro buona stabilità; alcuni studiosi avanzano l'ipotesi che la mancanza di luminosità dei colori delle terre verdi le abbia rese impopolari nell'uso in ambienti ove la luce poteva provenire solo da torce; altri autori invece pensano che i verdi fossero di origine vegetale il che spiegherebbe la loro mancata conservazione in quanto tutti i pigmenti estratti da vegetali sono facilmente deperibili.

Dallo studio dei materiali e delle tecniche di elaborazione degli stessi risulta che gli artisti della preistoria aspiravano già a superare la semplice rappresentazione del reale; ampliavano continuamente la loro tavolozza, intervenivano sulla materia pittorica per elaborarla ed ottenere effetti particolari, usando una serie di materiali ausiliari per controllare il risultato finale dell'opera. (2)

2) ANTICO EGITTO

L'importanza del colore

Tra le antiche civiltà l'Egitto si è distinto per il suo vasto uso del colore ed il suo esuberante cromatismo: dagli esterni ed interni decorati e affrescati, alle statue, agli oggetti della quotidianità, gli Egizi coloravano tutto. Per migliaia di anni gli Egizi dedicarono abilità e sforzi per creare i colori degli artisti più di ogni altra civiltà ad ovest del Nilo (1). L'importanza assunta dal colore nella civiltà egizia non fu, tuttavia, soltanto una propensione artistica fine a se stessa, ma la conseguenza di ciò che l'arte significava e dei poteri che gli Egizi le attribuivano. "...Uno degli aspetti più incredibili della pittura egizia è la sua secolarità in senso letterale: è, per buona sorte degli antropologi, un'arte documentaria. Raffigura persone intente ai loro compiti quotidiani: pescano, lavano i panni, costruiscono edifici, vanno a caccia, recano offerte al faraone: si ha l'impressione complessiva di una società calma e ordinata. Il mondo degli Egizi non si conformava necessariamente a quest'immagine armoniosa, l'artista raffigurava piuttosto un ideale, un desiderio che il caos cedesse il passo all'ordine e alla ragione. E l'arte era un mezzo per raggiungere questo fine, poiché le si attribuiva il magico potere di trasformare il mondo; il completamento di un'opera d'arte era accompagnato da un rito col quale acquistava questa capacità divina. L'importanza sociale dell'arte egizia era rispecchiata dall'accumulazione sistematica di pigmenti brillanti esistente in questa cultura; ..."(2) e come in tutte le società fortemente legate alla religione, il colore, in particolare certi colori, fu caricato di forza simbolica e poteri magico-rituali; ogni colore era associato ad una pietra preziosa ed ad una divinità: il colore, come la stessa pietra, finivano per essere considerati sostanza e materializzazione della divinità stessa che essi rappresentavano. "Poiché i colori erano considerati una forza sottile, un anello di congiunzione tra cielo e terra e in essi trovavano unità le misteriose corrispondenze tra il mondo in alto dove vivevano gli dèi, e il mondo in basso, quello degli uomini si riteneva che questa connessione fosse palesata nell'arcobaleno, vero a proprio ponte di luce colorata tra la sfera spirituale e quella materiale, incarnato poi nel mito greco della dea Iris..., i colori luminosi e incorporei dell'arcobaleno si sostanziavano sulla terra... in particolare nelle pietre preziose che ne rappresentavano l'aspetto più puro e brillante... A volte , in mancanza di materiale così pregiato, le paste vitree e gli smalti sostituivano le pietre preziose e il loro colore si faceva garante dei poteri magici degli amuleti L'uso esoterico dei colori, veicoli di così dense virtù magiche e simboliche, fu riservato ad una ristretta cerchia di persone e regolato da canoni severi ed immutabili: la decorazione policroma dei templi e la produzione di statue stuccate e intarsiate, di pitture parietali e su tavole, di ceramiche, di amuleti e di oggetti sacri si svolsero nei templi che costituirono i primi centri di sviluppo della cultura artistica, non separabile dal contesto magico-religioso. I colori ebbero così ad un tempo una funzione decorativa simbolica e magica... I colori venivano considerati dei segni indicatori dell'essenza delle cose e non della loro apparenza, come testimonia la parola egiziana usata per "colore" che significava anche "essere";...la cultura egiziana era fondata sulla forza delle immagini e della parola scritta o pronunciata nel giusto modo;...la scrittura geroglifica veniva affidata a due tipi di inchiostri: uno nero con valore positivo, e uno rosso con valore negativo, riservato alle correzioni o alla scrittura di nomi riferiti a entità o fatti negativi; a volte i geroglifici erano incisi nella pietra e dipinti a smalti colorati o riempiti con inserimenti di pietre preziose o paste vitree, in cui ogni colore esaltava e rinforzava il valore del significato. L'uso dei singoli colori nei santuari, nelle architetture, nelle sculture e nella confezione di ciascun oggetto, dipendeva dai suoi valori religiosi, simbolici e magici e quindi era soggetto alle regole cultuali stabilite nei templi"(3).

Un esempio molto significativo sull'applicazione del colore per scopi magico-religiosi lo troviamo nelle rubriche che seguono i capitoli del Libro dei Morti; esse dicono anche il modo corretto di ripetere la preghiera e raccomandano, per farlo, la presenza di precisi colori. Da qui l'importanza data alla fabbricazione dei colori e alla loro applicazione   soprattutto nella pittura religiosa nella quale la tavolozza era ristretta a sei colori   fondamentali   ognuno dei quali aveva una precisa funzione e forza magica per cui il mescolarli o sovrapporli li avrebbe privati di quella loro forza simbolica e del loro significato profondo; da qui l'uso esclusivo di tinte unite e colori puri in giustapposizione l'uno con l'altro; l'equilibrio del cromatismo nella pittura religiosa   egizia resterà insuperato. La preparazione dei colori per la pittura religiosa ed il prodotto finito erano sottoposti alla supervisione dei sacerdoti molti dei quali furono anche abili alchimisti e, spesso, gli artefici stessi dei pigmenti.

Colori dalla natura

Molte delle materie prime atte alla fabbricazione dei colori erano reperibili in natura. Le ocre rosse e gialle furono i pigmenti minerali più largamente usati fin dal periodo predinastico; in alcune oasi del deserto occidentale e nei dintorni di Assuan v'erano abbondanti giacimenti di ocre rosse; l'uso dell'ocra rossa è il più diffuso e il più comune rispetto a quello degli altri rossi e in tutte le civiltà se ne trova traccia sia in pittura, tintura e cosmesi. In Egitto era anche usata per ottenere inchiostro rosso, per la scrittura sui papiri, impastandola con gomma arabica o con miele; è tuttavia assai probabile che gli Egizi, eccezionali sperimentatori, facessero anche uso di Ocra rossa artificiale, l'ocra usta dei Latini, ricavata dalla calcinazione dell'ocra gialla. Robbia e Kermes, oltre che in tintura, erano usati, come vedremo più avanti, per preparare le lacche per pittura.

Un bel giallo molto luminoso, simile al colore dell'oro, era fornito da un minerale nativo costituito da trisolfuro di arsenico: é l'Orpimento che allo stato puro si presenta sotto forma di lamelle brillanti e flessibili, dalle quali si ottiene una polvere giallo-oro; l'etimo stesso del nome rivela la tonalità del suo colore: esso deriva infatti dal Latino "auripigmentum" che significa appunto 'pigmento color dell'oro'. L'orpimento è molto tossico e si altera facilmente se mescolato con composti del rame e del piombo poiché lo zolfo che da esso si libera reagisce con il rame o il piombo trasformandosi in Solfuro di rame o di piombo, entrambi di colore nero. Si mescola invece senza inconvenienti con l'Oltremare, un pigmento blu a base di Lapislazzuli, con le ocre, ovvero con tutti gli ossidi di ferro, e con molti pigmenti organici, comprese le lacche. Nonostante i suoi vari difetti, fra i quali alcuni autori lamentano anche la durezza e la difficoltà ad essere macinato, l'orpimento venne molto usato per la bellezza e brillantezza del suo colore . In Egitto il suo uso è attestato sin dalla XVIII dinastia (XVI-XIV sec. a.C.); in epoca classica ce ne parlano poi Plinio e Vitruvio e nel Medioevo si cominciò a prepararlo anche artificialmente fondendo insieme zolfo e Realgar, un bisolfuro di arsenico che nei giacimenti si trova spesso associato all'orpimento conferendo a quest'ultimo un colore tendente all'aranciato.

Saranno poi i pittori veneziani, come vedremo più avanti, a farne grandissimo uso, associandolo spesso al realgar; il minerale grezzo arrivava dai giacimenti dell'Europa orientale o dall'Asia centrale e Venezia era particolarmente abile nel lavorarlo e purificarlo.

La Malachite (= carbonato basico di rame) veniva finemente macinata per la preparazione dei pigmenti verdi; la malachite è attestata sin dalla più antica fase del periodo predinastico quando furono scoperti giacimenti di rame nel deserto orientale e nella penisola del Sinai; gli egizi la usavano come belletto sia per la persona sia per sottolineare gli occhi in pittura; per i poteri magici benefici che le venivano attribuiti è stata ritrovata in molte tombe come pietra lavorata e, in sacchetti di lino, allo stato di minerale grezzo o macinata. Nella pittura a carattere non religioso, ove la mescolanza o la sovrapposizione dei colori era consentita, gli Egiziani usarono anche un pigmento verde composto da ocra gialla e Azzurro egiziano: un pigmento con una base naturale, l'ocra, ed una artificiale, l'azzurro egizio, messo a punto a sua volta in Egitto. Le diverse sfumature e gradazioni di colore erano ottenute variando le quantità di ocre gialle e aggiungendo eventualmente gesso per le tonalità più chiare e delicate.

I pigmenti neri naturali più comuni erano quelli già usati dagli uomini di Altamira e Lascaux, vale a dire prodotti carboniosi e biossido di manganese naturale; un nero usato in cosmesi, pittura e medicina era il famoso Bistro ottenuto macinando finemente su una pietra del solfuro di piombo ed impastandolo con acqua e gomma arabica.

In una tavolozza conservata nel Museo egizio di Torino sono presenti due terre brune la cui composizione corrisponde a quelle della terra di Siena e della terra d'ombra; ciò non può stupire dal momento che esse appartengono, come abbiamo già visto, ai più antichi ed importanti pigmenti della storia. (4)

Nuovi pigmenti dalla tecnologia chimica

La grande varietà e diversità di supporti ai quali applicare il colore indusse gli Egizi ad affinare mirabilmente le loro tecniche;

grazie alla loro grande propensione alla sperimentazione, gli Egizi acquisirono una vastissima esperienza nella tecnologia chimica ed immense nozioni di chimica pratica, ed una straordinaria padronanza nel manipolare e trasformare i prodotti della natura: conoscevano la chimica degli ossidi metallici, i vetrioli e molte altre sostanze che applicavano nella fabbricazione del vetro e ciò è ancor più sorprendente se si pensa che gli agenti di trasformazione di cui disponevano altro non erano che il fuoco ed alcuni acidi e alcali molto blandi quali aceto ed urina. Il calore può modificare la composizione o la struttura chimica di un minerale e provocare cambiamenti di colore; gli Egizi, grazie alla grande padronanza con la quale sapevano gestire il fuoco, riuscirono a mettere a punto il primo pigmento di sintesi della storia denominato più tardi Caeruleum Aegyptium dagli autori latini e poi Blu o azzurro egiziano o fritta d'Alessandria: questo secondo nome gli fu dato sia dal nome della città che si presume ne divenisse un grosso centro di produzione, sia perché, in base alle ricerche di alcuni chimici del XIX secolo, si ritenne che si trattasse di una " fritta ", termine con il quale si designano quelle sostanze di natura vetrosa, ottenute per fusione, che vengono usate per la finitura superficiale dei prodotti ceramici, ad esempio gli smalti; in realtà si scoprì poi che l'azzurro egiziano è un composto cristallino e non una sostanza vetrosa. Questo pigmento azzurro risalente alla IV dinastia, 2500 a. C., e definibile in termini chimici come doppio silicato di rame e di calcio, fu certamente frutto di una consapevole miscelatura dei minerali naturali che lo compongono, rame, calcio e silice, cotti in una fornace ad una temperatura di ca. 830°; il calore provocava un cambiamento del colore dal verde al blu; il pigmento si otteneva macinando in polvere l'impasto cotto; diverse gradazioni di colore si potevano avere con diversi gradi di macinazione poiché più grossi sono i granuli della macinatura, più intensa e scura è la gradazione di colore, mentre diviene sempre più chiara e delicata, quanto più finemente macinata é la polvere del pigmento. In epoca classica Vitruvio darà una descrizione esatta e dettagliata della fabbricazione del Ceruleo egizio, descrizione che permise poi a vari chimici dell'800 di riprodurlo in laboratorio e chiarirne le caratteristiche. Secondo tale descrizione, le materie prime impiegate erano: minerale di rame (probabilmente Malachite), sabbia e carbonato sodico (impuro per carbonato di calcio, ferro, ecc.) i quali per impasto e cottura davano luogo all'azzurro egiziano sotto forma di sferette. Questo pigmento fu sicuramente oggetto di una produzione su vasta scala e di consistenti esportazioni anche verso il mondo romano finché anche a Roma furono in grado di riprodurlo e produrlo in proprio; saranno dapprima Pompei, da cui anche il nome di Azzurro pompeiano e poi Pozzuoli a diventare i maggiori centri di fabbricazione. (5)

Le conoscenze sul modo di reagire di certi elementi con altri, portò gli Egizi a creare molti altri colori artificiali: tra i gialli, il giallo riconosciuto come Antimoniato di piombo era ottenuto con l'uso di reagenti a loro volta sintetici, ovvero ottenuti dalla trasformazione chimica di minerali, e cioè ossido o carbonato di piombo e ossido d'antimonio. Chiamato Giallo di Napoli a partire dalla sua introduzione in Europa nella seconda metà del XVIII secolo e poi Giallo egiziano dopo il suo rinvenimento tra i pigmenti dell'antico Egitto, il Giallo di antimonio può assumere un colore dal giallo limone al giallo aranciato; fu impiegato anche come pigmento per la ceramica e il vetro sia in Mesopotamia che in Egitto. Un altro giallo artificiale prodotto dagli Egizi e ritrovato in una tavolozza risalente al 400 a. C. é il Giallo di ossido di piombo che si ottiene dalla calcinazione del bianco di piombo o biacca; è da considerarsi un prodotto intermedio tra la preparazione del Bianco di piombo o Biacca e quella del Minio: alla temperatura di circa 300°C il bianco di piombo libera biossido di carbonio; l'ossido residuo si presenta in forma di polvere di colore giallo zolfo e di consistenza molto soffice. Il pigmento ha un colore di tono giallo pallido con un buon potere coprente ed inalterabile alla luce; anche in questo caso il fuoco era il principale agente di trasformazione: da un primo prodotto, la biacca, a sua volta frutto di trasformazioni chimiche, si ottenevano due diversi pigmenti a due diverse temperature. A partire dalla VI dinastia (ca. 2250 a. C.) iniziò la preparazione di una fritta verde artificiale, mediante fusione, ad una temperatura tra i 900 e i 1150°C, di minerali di rame insieme a polvere silicea e natron, ovvero carbonato sodico, disponibile in abbondanza in diversi luoghi dell'Egitto; in pratica si trattava degli stessi ingredienti usati per il blu egiziano, ma con più sodio e meno rame. L'uso del verde egizio è attestato sino al Terzo periodo intermedio (1070-660 a.c.) e lo si è ritrovato sinora solo sul territorio egiziano. In alcune tombe risalenti al 1700 a. C. ca. e al 1550 a. C. sono stati riconosciuti dei verdi ottenuti mescolando l'azzurro egizio con quantità variabili di ocre gialle e con aggiunta di gesso per i toni più chiari. Un verde-blu ottenuto chimicamente era il Verderame che, stranamente, compare assai più tardi rispetto agli altri colori artificiali e molto probabilmente attraverso i contatti con la Mesopotamia dove esso era già conosciuto da prima; il procedimento per ottenerlo era simile a quello usato per la biacca, ossia corrodendo il minerale di rame coi vapori d'aceto; lo scrittore greco Teofrasto (IV sec.a.C.) dice che il rame viene sistemato sopra feccia di vino e la ruggine che si forma sopra le lamelle di rame viene usata come colore; Plinio ne darà la stessa descrizione e lo chiamerà aerugo (= ruggine di rame). Sempre per l'azione corrosiva dell'acido acetico sul piombo si ottiene la Biacca, chiamata cerussa dai Latini, che è un carbonato basico di piombo e lo si può considerare l'unico bianco artificiale dell'antichità; sempre Teofrasto (IV sec.a. C.) così ne descrive la preparazione: "Piombo, in pezzi della grandezza circa di un mattone, viene collocato in giare sull'aceto e, quando questo acquista una massa spessa, il che avviene in dieci giorni, le giare vengono aperte e il deposito che si è formato viene grattato via dal piombo, ripetendo l'operazione finché tutto il piombo sia consumato. La parte che è stata grattata viene macinata in un mortaio e decantata frequentemente, e ciò che finalmente rimane al fondo è costituito da bianco di piombo". Più tardi la stessa descrizione verrà data da Vitruvio, Plinio e Dioscoride nel I sec. d. C. L'azione dei vapori dell'aceto trasformava il piombo in acetato di piombo mentre l'anidride carbonica derivante dalla fermentazione del letame, aggiunto nel deposito sigillato ove venivano collocati piombo e aceto, combinandosi con l'acqua produceva acido carbonico: tutto ciò provocava la trasformazione dell'acetato di piombo in carbonato basico di piombo, oggi detto biacca o Bianco di piombo; questo processo di corrosione del piombo era molto lento e poteva occorrere più di un mese perché il bianco di piombo fosse pronto. La biacca è l'unico bianco artificiale dell'antichità; la fortuna della biacca nella tavolozza dell'artista fu lunghissima; largamente impiegata in tutte le tecniche pittoriche, protagonista assoluta nella pittura ad olio fino alla fine del XIX secolo quando fu, in parte, sostituita da nuovi prodotti sintetici. E' interessante notare che la presenza di vapori sulfurei provoca l'annerimento del colore poiché sotto la loro azione il carbonato di piombo, bianco, si trasforma in solfuro di piombo, nero, e questo è il motivo per il quale la cerussa non si è conservata tale, ad esempio, tra i colori pompeiani data l'abbondante presenza di vapori sulfurei nelle emanazioni dei vulcani. Tutti i composti di piombo hanno in comune la tossicità ed il fatto che anneriscono se vengono a contatto con altri pigmenti contenenti zolfo, ad esempio i solfuri quali realgar, orpimento, entrambi a base di solfuro di arsenico, il Cinabro, il Cinabro artificiale o Vermiglione.

L'azione del calore produceva un altro colore artificiale: cuocendo in fornace la cerussa, ossia dalla calcinazione della biacca, si otteneva, infatti, un bel pigmento rosso brillante tendente all'aranciato, il Minio di piombo, il pigmento tuttora noto col nome di minio, denominato dai Latini sia minium secondarium per distinguerlo dal Minium, ovvero il cinabro naturale, sia cerussa usta, termine che si riferiva chiaramente al processo usato per la fabbricazione del pigmento. Questo rosso di piombo amalgamato a gomma arabica, una secrezione resinosa, solubile in acqua, ricavata dall'Acacia nilotica, forniva agli Egizi uno degli inchiostri rossi più belli. Anche il minio, come tutti i composti di piombo, è sensibile all'azione dei solfuri ed ha facilità ad annerire all'aria per trasformazione in solfuro di piombo il cui colore è nero. Fu tuttavia il rosso per eccellenza nei manoscritti e nei codici decorati sui quali l'azione dell'aria e della luce non avevano pressoché alcuna influenza e nei quali i pigmenti si sono conservati inalterati.

Un nero artificiale che ebbe pòi molta fortuna nella storia dei pigmenti e degli inchiostri era il Nerofumo ottenuto dalla combustione incompleta di sostanze organiche ricche di carbonio; è l'"atramentum" dei Latini della cui preparazione Plinio ci darà una descrizione dettagliata. (6)

Le Lacche

Gli egizi fecero anche uso di lacche colorate.

Nell'antichità le lacche erano preparate colorando la polvere di una sostanza inorganica minerale, una creta bianca, con una sostanza colorante organica naturale di natura vegetale o animale; venivano usate in pittura come tali o per imitare, sofisticare o falsificare altri colori. Furono usate a lungo in tutto il mondo mediterraneo e, in epoca classica, Pozzuoli ne diventerà il più famoso e qualificato centro di produzione. Non sappiamo esattamente quando gli Egizi ne iniziarono l'uso, secondo alcuni piuttosto tardi, durante il periodo greco-macedone; le lacche avevano un ottimo potere coprente ed erano quindi adatte per conferire colori vivi e decisi a materiali quali il legno o la pietra; certamente gli Egizi fecero uso della lacca ricavata dalle radici di Robbia (*Rubia tinctorum*) una pianta le cui varie specie sono diffuse in tutta Europa; la specie 'tinctorum' la troviamo presente nelle coltivazioni agricole in Francia e Italia sin dal XIII secolo. I principi coloranti sono alizarina e (pseudo)purpurina; i toni di colore rientrano nello spettro del rosso.

Una lacca particolare, che ebbe molta fortuna per parecchi secoli, fu la lacca di cimatura di panni; cimatura ricavata soprattutto dai tessuti di lane pregiate tinte con il Kermes provenienti dal commercio con i popoli del Medio Oriente. I residui di tessuto tinto nel colorante di kermes venivano fatti ribollire in una soluzione alcalina, generalmente liscivia, per sciogliere nuovamente la tintura; nella tinta estratta dalla soluzione si aggiungeva allume(= solfato di alluminio) il quale precipitava sotto forma di granelli di allumina (idrossido di alluminio) quando la soluzione diventava fredda. La tinta era assorbita dalle particelle di allumina che asciugandosi formavano una polvere rosso scuro.(7)

Kermes è il nome generico per indicare varie specie di insetti appartenenti alla superfamiglia Coccoidea. Il preziosissimo colorante era estratto dagli insetti femmina del *Kermes vermilio* Planchon , che viveva sulla *Quercus coccifera* assai diffusa nelle aree costiere del Mediterraneo occidentale, o dalle femmine di *Porphyrofora* spp. diffuse in Europa centrale e orientale e nelle regioni caucasiche di Persia ed Armenia Il principio colorante del *Kermes vermilio* è l'acido kermesico, mentre il maggior costituente del colorante estratto dalle specie del genere *Porphyrophora* è l'acido carminico; entrambi gli acidi sono solubili in acqua.

La preparazione dei colori

Gli Egizi praticavano la pittura a tempera e l'affresco; il primo termine deriva dal latino temperare, che significa "mescolare", in quanto i pigmenti, per essere stesi su un supporto, hanno bisogno di essere miscelati, ovvero temperati, in un mezzo legante; la seconda tecnica consiste nello stendere i colori sullo strato di sabbia e calce ancora umido, ovvero "a fresco", con il quale si è ricoperta la parete da dipingere.

Le materie prime per il colore venivano macinate con pestelli dentro mortai e la polvere era generalmente compressa in pani che venivano poi grattati e ripolverizzati; la polvere veniva miscelata con adesivi ed acqua per ottenere il pigmento pronto per l'applicazione; gli adesivi più comuni erano la gomma arabica, l'albume d'uovo, la colla animale, ottenuta facendo bollire pezzi di pelli e addensandone il liquido così ricavato. Per rendere più brillanti i colori si usava spalmare cera d'api fusa sul dipinto o sopra un solo colore che si voleva far risaltare sugli altri.

Gli Egizi applicavano la verniciatura sulle pitture murali come sugli oggetti in legno, ed anche sui supporti tessili, in particolare sul lino. La verniciatura è un sottile strato trasparente incolore che serve soprattutto a preservare e proteggere il colore; è assai probabile che le prime vernici fossero delle oleoresine fluide naturali, applicabili a caldo col pennello; secondo alcuni studiosi nella composizione della vernice poteva esserci la gomma estratta incidendo la corteccia della *Acacia arabica*, già usata nella preparazione del papiro e delle bende di lino per fasciare le mummie.(8)

3) ANTICA MESOPOTAMIA

Alle origini del vetro

Nell'antichità la tecnologia chimica acquisita per la produzione dei colori si sviluppò come conseguenza di una più vasta industria di trasformazione delle materie prime in sostanze per la creazione di oggetti necessari nella quotidianità: fabbricazione del vetro, la vetrificazione della ceramica, la produzione del sapone. Il vetro più antico che si conosca risale a circa il 2500 a. C.; è stato trovato in Mesopotamia e fu probabilmente il risultato secondario di esperimenti in un altro settore, la manifattura di vetrina colorata per ceramica. Il vetro si otteneva dalla fusione a ca. 2500°C di sabbia e soda; numerosissime sono le fornaci ritrovate in seguito agli scavi archeologici; i forni da terracotta risalgono al 4000 a.c.; la cosiddetta "ceramica egizia" era una sostanza vetrosa blu prodotta in Mesopotamia molto prima che diventasse un'industria presso gli Egizi: ornamenti di steatite smaltati di blu venivano prodotti sin da ca. il 4500 a. C. spolverizzando di sabbia la superficie della pietra e scaldandola in presenza di minerali di rame come azzurrite o malachite; può essere che, durante la cottura della ceramica, la sabbia si sia fusa con le ceneri, le quali hanno un alto contenuto di soda, e che, una volta raffreddatasi la fornace, gli artefici della ceramica vi abbiano trovato all'interno pezzi di vetro grezzo. L'aggiunta di una piccola quantità di calce ne migliorò presto la qualità ; ecco la ricetta tratta da un antico testo cuneiforme: "Prendete sessanta parti di sabbia, centottanta di ceneri di piante marine, cinque parti di gesso, scaldate tutto assieme e otterrete vetro"(1)

Blu e oro: i colori della sacralità e della regalità

In Mesopotamia come in Egitto il colore svolse funzioni decorative, simboliche e magiche.

Gli antichi popoli della Mesopotamia dimostrarono una spiccata predilezione per gli smalti colorati con i quali ricoprivano oggetti, statue palazzi; lo splendore e la magnificenza di Babilonia erano dovuti anche ai suoi colori: i suoi muri erano ricoperti di smalto blu-lapislazzuli e su di esso, in rilievo, decorazioni e animali sacri smaltati in giallo-ocra e arancio .

" L'analisi chimica dei monumenti ha rivelato che lo smalto azzurro era stato fabbricato artificialmente, mentre quello delle sculture era stato ottenuto triturando finemente il lapislazzuli e impastandolo poi con una materia grassa. Anche i muraglioni fortificati che circondavano e difendevano la città erano rivestiti con piastrelle di smalto azzurro, come lo erano il tempio, il palazzo reale e la cella che Nabucodonosor fece costruire sulla cima della ziqqurat principale, e che si vantò di averla voluta scintillante di mattoni azzurro-chiaro. I re babilonesi vollero sulla terra delle regge sfarzose come le grandiose dimore che immaginavano per i loro dèi, rivestendole con il colore del lapislazzuli, la cui sacralità e preziosità era stata sancita anche dall'uso religioso. Le particelle di pirite conglobate nella pietra donavano l'illusione di vedere un pezzo di cielo stellato e il suo colore invitava alla meditazione delle cose celesti, trascinando oltre l'esperienza sensibile e conducendo ai luoghi divini e superiori. La profusione di questo colore riguardava anche gli arredi sacri e le suppellettili dei templi, nei quali esso era sempre associato all'oro; così, per i Babilonesi, dovevano essere tutti gli oggetti divini, in cielo...Nelle città mesopotamiche la costante ostentazione di questo colore aveva, oltre alla funzione mistica di cui abbiamo parlato, anche uno scopo magico e talismanico....Per gli antichi esso rappresentava la materializzazione di alcune funzioni specifiche della divinità, particolarmente presenti nelle pietre preziose, che venivano perciò impiegate con scopi magici, nei riti sacri e, con funzioni talismaniche, nell'uso quotidiano; fra tutte quelle di colorazione comprese fra il celeste e il blu, gli antichi tenevano in grande considerazione il lapislazzuli e il turchese. Il lapislazzuli era in Mesopotamia la preziosa immagine terrena del cielo stellato, di Anu e di tutti gli dèi cosmici e astrali e come tale era considerato una potente sostanza dispensatrice di vita. Probabilmente era creduto sostanza stessa degli dèi….Il potere che si credeva insito nel lapislazzuli stesso era sicuramente benefico e aveva la forza di richiamare su di sé la protezione delle gerarchie celesti relate al dono della vita; per questa sua virtù Gilgames lo scelse quando ordinò al fabbro una statua in memoria dell'amico defunto Enkidu:

Fabbro (…)
Lavoratore di metallo, orefice Kabsar, il mio amico fa!
Egli fece una statua del suo amico (…)
(…) di lapislazzuli è il tuo petto, di oro il tuo corpo.

Marduk, il potentissimo dio babilonese che aveva assorbito in sé tutti gli attributi delle altre divinità mesopotamiche, aveva la sua rappresentazione nel prezioso azzurro del lapislazzuli con il quale venivano realizzate le sue immagini."(2)

Anche gli Egizi attribuiranno al lapislazzuli e al colore blu gli stessi valori e poteri magici; il colore blu-azzurro ebbe un'immensa importanza per i popoli medio-orientali: presso Ebrei, Egiziani, Babilonesi sacralità e regalità erano sempre espresse dal binomio inscindibile del blu-azzurro e dell'oro diversamente da ciò che accadeva presso i popoli di origine indoeuropea per i quali, per un arco di molti secoli, sarà il rosso, a sua volta quasi sempre associato all'oro, il colore del potere e della regalità. L'oro ed il colore che lo rappresenta, il giallo-oro, hanno sempre avuto presso tutte le civiltà antiche le stesse connotazioni simboliche e gli stessi valori: la luce del sole, che nella cosmogonia antica simboleggiava l'ordine cosmico, era la concentrazione materiale della luce divina; le divinità legate allo splendore del sole erano raffigurate in oro; l'oro era ritenuto la sostanza stessa degli dei, simbolo quindi di virtù divine e di eternità e, di conseguenza, usato quasi esclusivamente per ciò che era sacro; per questo motivo l'oro fu riservato inizialmente solo a re e sommi sacerdoti per sottolineare la loro stessa origine divina . I palazzi dei re e gli edifici sacri erano rivestiti d'oro e l'oro che ornava profusamente la persona stessa del sovrano ne affermava la discendenza divina e ne simboleggiava la sacralità e il potere. Tra i corredi funerari delle tombe reali di Ur (III millennio a.C.) una serie di splendidi manufatti in oro e pietre semipreziose diede un'idea della raffinatezza artistica degli orafi delle più antiche dinastie mesopotamiche e testimoniano del valore simbolico del blu e dell'oro; conservati nel museo di Baghdad sono il cosiddetto "pugnale di Ur", in oro con manico di lapislazzuli - il fodero in filigrana d'oro è considerato uno dei capolavori dell'oreficeria di tutti i tempi - ed alcuni gioielli sempre in lapislazzuli ed oro . Alla stessa tomba, e oggi conservate nel British Museum, appartengono due capridi rampanti; le due statuette, alte 50 cm., hanno un'anima lignea rivestita di lamine d'oro; le corna e i particolari del muso sono in lapislazzuli. La dinastia achemenide si ispira all'arte assiro-babilonese, ne riprende le forme architettoniche come le tecniche decorative prediligendo a sua volta gli smalti e l'associazione di toni blu-azzurri e gialli. Lapislazzuli ed oro saranno i materiali più ricercati per i manufatti artistici destinati ai sovrani. (3)

Le prove archeologiche hanno dimostrato che l'uso del lapislazzuli, come pietra preziosa e sacrale, esisteva, in Mesopotamia ed Egitto, sin dal 4000 a.C.; il lapislazzuli è una roccia formata dall'associazione di numerosi minerali tra i quali la lazulite gli che conferisce il colore blu; non ha un colore uniforme ed è spesso attraversato da venature dorate ed argentee che sono costituite rispettivamente da pirite e calcite: nell'antichità furono spesso scambiate per oro. Il suo nome deriva dal latino medievale lapis làzuli =" pietra di làzulum "dal persiano lazward = azzurro. I giacimenti più ricchi si trovavano in aree remote e assai poco accessibili corrispondenti a zone dell'odierno Afghanistan ed il suo approvvigionamento richiedeva costi altissimi; il pigmento, l'Oltremare del Medioevo, resterà il più costoso in assoluto. Il procedimento per ricavare dalla pietra macinata un pigmento che conservi il tono di colore della pietra stessa è estremamente lungo e complicato e fu perfezionato solo in epoca classica; Plinio (I sec .d. C.) lo chiama Caeruleum scythicum ; forse fu proprio il fatto che inizialmente il colore del pigmento non rispondeva alle aspettative per via delle eccessive impurità che restavano nella polvere del minerale e che gli conferivano un tono grigiastro che gli Egizi, tanto propensi alla pittura, cercarono di creare un blu artificiale che rispondesse alle loro esigenze e vi riuscirono perfettamente: nacque così sotto la IV dinastia, c. 2500 a. C., il famoso Blu o Azzurro egiziano, il Caeruleum aegyptium dei Latini, risultante, come abbiamo visto, da un impasto di minerale di rame (probabilmente Malachite), calcio e silice cotti in fornace ove l'alta temperatura provocava anche il mutamento di colore. Questo bellissimo blu-azzurro avrà immensa fortuna nel mondo antico ed in epoca classica; attraverso i contatti col mondo egizio, verso il 1500 a. C. giunse anche in Mesopotamia dove tuttavia pare si preferisse smaltare più che dipingere. L'autore di "Ninive" racconta che tra i reperti degli scavi trovò un blocco di colore azzurro che pesava circa un chilo; l'artista cercò di far uso di quel colore per riprodurre all'acquarello e nel tono il più vicino possibile all'originale le decorazioni di uno dei muri coperti di mattoni smaltati, ma ogni tentativo fu inutile; infatti, come fu poi scoperto in seguito all'analisi chimica, il blocco azzurro era lapislazzuli in polvere per la fabbricazione degli smalti e che non poteva quindi essere usato per la pittura ad acquerello. Gli smalti blu-azzurri e gli smalti gialli erano i più frequentemente usati; un bel giallo di sintesi, fu il Giallo di Antimonio, o Giallo di Napoli o Giallo Egiziano, molto usato da Assiri e Babilonesi per smaltare le ceramiche; nel palazzo di re Sargon II a Khorsabad ne fu ritrovato un panetto tra altri pigmenti; in epoca classica se ne perse probabilmente la conoscenza poiché non è stato riscontrato tra i gialli identificati nelle pitture pompeiane ; é difficile sapere con certezza chi veramente sia stato il primo artefice di questo giallo artificiale: alcuni autorevoli studiosi ne ascrivono l'invenzione ai popoli mesopotamici, mentre altri, altrettanto autorevoli, ritengono che a crearlo siano stati gli Egizi famosi per la loro grande abilità ed esperienza nella chimica pratica; lo stesso dilemma riguarda l'uso del minio; non è ancora chiaro chi per primo abbia messo a punto questo rosso artificiale; sta di fatto che sia in Egitto che in Mesopotamia la produzione e l'uso della biacca sono attestati da più fonti in periodi coevi; è dunque possibile che, trovandoci di fronte a grandi maestri della sperimentazione chimica in entrambi i casi, la creazione del Minio sia avvenuta in maniera indipendente e più o meno nello stesso momento; il Brunello suppone che il minio sia comparso in Egitto molto più tardi per opera di Thoutmes III il quale lo avrebbe portato con sé dopo le sue conquiste in Asia all'epoca del Nuovo Regno (ca. 1400 a. C.) e ci riferisce anche che secondo altri il minio sia stato introdotto in Egitto addirittura in epoca romana. (4)

La passione per oggetti e palazzi smaltati si conservò nelle epoche successive sino all'arrivo degli Arabi che assimilarono a loro volta il gusto per la ceramica smaltata e per il blu e l'oro.

4) ANTICHITA' CLASSICA

Il colore restituito

Il mondo greco-romano ereditò il patrimonio delle conoscenze cretesi, orientali ed egizie; gli autori classici greci, Teofrasto (IV sec. a.C.) e Dioscoride (I sec. d. C.) e latini Vitruvio (I sec. a.C.) e Plinio (I sec. d.C.) sono una delle principali fonti sull'origine e le tecniche di preparazione dei colori per la pittura e la tintura , sulle loro caratteristiche e metodi di riconoscimento, sulle più correnti falsificazioni e sofisticazioni. Sebbene nessun'altra civiltà mediterranea abbia eguagliato la vivacità policroma degli Egizi, non mancarono né ai Greci né ai Romani sensibilità e gusto per il colore; a limitarne la tavolozza furono talvolta motivi tecnici, limitata reperibilità dei materiali adatti, e preconcetti dogmatici legati alla metafisica dei colori elaborata dai filosofi.

Philip Ball ci dice : " I greci e i Romani diedero prova di un gusto per la decorazione degli interni che oggi appare decisamente moderno, se non audace... Tiziano, il maggiore   colorista del Rinascimento, ammirava il pittore greco classico Apelle (IV sec. a.C.), ma si ritiene che questi impiegasse soltanto quattro colori. ... Vi sono ottime ragioni per supporre che per la maggior parte, se non del tutto, i pigmenti noti agli Egizi fossero disponibili anche per i pittori greci; tuttavia, sia Plinio che Cicerone insistono sul fatto che la pittura quadricromatica era una forte tradizione ai tempi d'oro dell'arte classica greca, attorno al IV secolo a. C....Plinio cita parecchi rinomati artisti "quadricromatici" di questo periodo: il famosissimo Apelle insieme ad Aetione, Melantio e Nicomaco; la lista di Cicerone copre un arco di tempo un po' più lungo, e include il pittore dell'inizio del V secolo Polignoto, come pure Zeusi e Timante, degli inizi del IV secolo. Sembra che la tradizione di limitare la tavolozza abbia avuto inizio verso la metà del V secolo a.C., quando Empedocle stava perfezionando la teoria dei quattro elementi, e Democrito postulava gli atomi. Nietzsche avanzò l'ipotesi piuttosto discutibile che i pittori greci evitassero il blu e il verde perché <disumanizzano la natura più di qualsiasi altro colore>. Ma la vera ragione è probabilmente più pratica che metafisica. Durante il V secolo a. C. gli artisti greci cominciarono a dipingere in tre dimensioni, usando una tecnica di chiaroscuro ("lumeggiature" e "ombreggiature"), per rendere la profondità. "Questa evoluzione potrebbe aver motivato la tecnica quadricromatica come mezzo per controllare il colore, mentre l'artista studiava come padroneggiare il chiaroscuro. Come dovevano scoprire i pittori rinascimentali, più la tavolozza è vasta, più difficile è ottenere un'armonia cromatica cosicché nessun colore spicchi in modo stridente sugli altri; riducendo la gamma di sfumature e rendendole inoltre con terre smorzate piuttosto che vivaci, è più facile dominare un mondo tridimensionale di luci e ombre. Una volta che questo sistema si fu affermato, può darsi che si sia trasformato da necessità tecnica a principio estetico. Plinio non fa misteri sulla propria preferenza per i colori "austeri" rispetto a quelli "floridi". …Tuttavia i colori puri e brillanti non erano evitati nelle arti decorative; venivano usati dai Greci per decorare gli edifici, come è evidente nei rossi e nei gialli di Olinto che si possono datare tra il V e il IV secolo a. C. E' stata rinvenuta fritta blu egizia nelle pitture murali di Cnosso a Creta, anteriori al 2100 a. C., sugli edifici del periodo miceneo della Grecia arcaica (verso il 1400 a. C.) e in vari manufatti lungo tutto l'arco della civiltà greca. Teofrasto scrive che un pigmento blu artificiale veniva importato dall'Egitto…Gli Etruschi usavano il blu egizio nel VI secolo a. C., così come i Romani che subentrarono loro: si trova non solo sulle pareti di Pompei ma anche immagazzinato nelle botteghe di colore della città, così come nelle tombe di pittori romani. La chimica ebbe un'impennata quando l'Occidente incontrò l'Oriente nel crogiolo dell'Alessandria ellenistica, portando la visione logica del mondo della Grecia classica a contatto con la tendenza orientale alla sperimentazione pratica. "Analogamente, l'uso del colore nell'arte occidentale divenne più fantasioso e vivace quando l'impero di Alessandro trovò nuovi ideali estetici e nuovi materiali in Oriente. Per esempio, il cinabro (solfuro di mercurio), un minerale rosso brillante, era usato come pigmento in Cina molto prima che apparisse in Occidente; perfino gli Egizi potrebbero non averlo conosciuto, e le prove del suo utilizzo nell'arte greca prima di Teofrasto sono rare. L'Indaco era importato dall'India: i Greci lo chiamavano indikòn, e Vitruvio narra che i pittori romani lo usavano nel I secolo a. C.

" Ma forse, più significativo di un'immissione di nuovi pigmenti "floridi", fu il contatto con l'estetica basata sul cromatismo brillante espressa dall'arte persiana e indiana, che contrastava con l'austerità di quella greca. Fu questa contaminazione che portò agli splendori dell'arte bizantina, e più tardi –quando fu portata in Occidente dai crociati- avrebbe ispirato agli Europei un uso più audace del colore.

"La cultura ellenistica aveva un atteggiamento meno rigido verso le miscele di colore, basato sull'empirismo piuttosto che su preconcetti dogmatici. Alessandro di Afrodisia, nel III secolo d. C., spiegava come (contrariamente alla convinzione di Aristotele) il verde si potesse ottenere dal giallo e dal blu, e il violetto dal blu e dal rosso; ma, diceva, questi colori <artificiali>(mescolati) non sono all'altezza delle tonalità pure corrispondenti che si osservano in natura. E in effetti è vero, perché sono necessari buoni colori primari se si vuole evitare che la miscela perda lucentezza; i limiti dei materiali riducevano drasticamente le possibilità dell'artista... L'uso del colore nell'arte è determinato dai materiali a disposizione dell'artista almeno quanto lo è dalle sue inclinazioni personali e dal contesto culturale in cui opera...La propensione dei Greci per l'idealizzazione e l'astrazione intellettuale portò alla conclusione che i colori miscelati sono inferiori sia ai pigmenti naturali "puri" sia ai "veri" colori della natura. Non c'era quindi motivo di tentare di far corrispondere i colori dell'artista a quelli della natura, amalgamandoli assieme. Questa pratica era scoraggiata dagli eruditi della classicità. <Mescolare produce conflitto >, afferma Plutarco nel I secolo d.C.; era normale definire la mescolanza di pigmenti come "deflorazione"...A scoraggiare la miscelazione esisteva anche un impedimento tecnico: poiché i pigmenti a disposizione non erano costituiti da colori primari puri- atti a rendere la ricchezza di sfumature esistenti in natura-, il risultato della miscela ne spegneva il tono verso il grigio o il brunastro, e si creava in effetti un processo di degradazione.....E' difficile dire fino a che punto la riluttanza dei Greci a mescolare pigmenti fosse motivata dal pregiudizio teoretico, e fino a che punto abbia influito l'esperienza pratica; la perdita di brillantezza, in ogni caso, accentuava la dipendenza del pittore dai materiali." (1)

Le scoperte e gli studi archeologici hanno da tempo smentito l'idea stereotipata di una antichità classica, in particolare quella greca e romana, acromatica e candida.

" Da cosa deriva questa visione tanto errata quanto radicata? Già l'Illuminismo aveva azzerato il colore dal punto di vista del suo impiego simbolico, ma soprattutto   con l'avvento del Neoclassicismo e con l'affermazione e la diffusione del bianco napoleonico si perseguì un grande scempio nel patrimonio artistico spogliando definitivamente l'antichità dei suoi colori: in nome della cultura si procedette infatti ad una operazione di pulitura, levigazione e lucidatura dei resti antichi, delle architetture e delle sculture, al fine di esaltare un aulico candore della materia, che si presumeva fosse il simbolo distintivo dell'antichità classica e che da quel momento divenne un imperativo categorico per ogni sua immaginaria rappresentazione. In realtà questa discutibile opera di restauro fu il frutto di un secolare equivoco: infatti numerosissime sculture ellenistiche eseguite in marmo bianco e con gli occhi vuoti, a differenza degli originali che erano policromi, furono credute autentiche per secoli, mentre poi si rivelarono copie di statue del periodo classico, prodotte da scultori dell'età ellenistica su richiesta di ammiratori stranieri, soprattutto Romani. Perciò queste copie rappresentarono l'unica testimonianza di gran parte della scultura greca e generarono l'equivoco di cui si è detto...."(2).

"...le pareti di Pompei erano colorate in un modo che oggi potremmo definire sgargiante... I Greci dipingevano gran parte dei loro edifici dalle colonne ai bassorilievi, alle statue; le figure venivano rappresentate su ricchi fondi di rosso, giallo azzurro e nero. Quando questo fu chiaro agli archeologi all'inizio del XIX secolo, gli architetti occidentali fornirono ricostruzioni vivacemente colorate dell'aspetto che i templi – delle cui superfici non restava ora che la nuda pietra - dovevano avere nei giorni del loro massimo splendore... La convinzione – dominante fino a metà dell'epoca vittoriana - che la scultura greca fosse lasciata nel suo candore naturale, invece di essere colorata è probabilmente l'esempio più famoso degli equivoci moderni sull'arte classica, derivati da un preconcetto estetico erroneo: la presunta "purezza" del bianco. Per i Greci la nuda pietra non aveva nulla di sacro che impedisse di ravvivarla con una mano di pittura. E non erano poi così raffinati: le barbe erano blu scuro e, a giudicare dalle statue e dai rilievi romani, gli dei avevano spesso volti color rosso vivo."(3)

Le odierne ricostruzioni virtuali basate sui risultati della ricerca archeologica ci mostrano finalmente una serie di polis vivacemente policrome: templi ampiamente decorati dal colore, costumi e oggetti dai colori vivaci, tinti o rivestiti con smalti e stucchi. Giallo, rosso, azzurro i colori che più frequentemente ricorrono insieme nei rivestimenti pittorici dei templi, come nei tessuti raffigurati, ad esempio, negli affreschi di Cnosso.

Colori pompeiani

Le ceneri del Vesuvio hanno preservato un'infinità di testimonianze di importanza straordinaria ed unica; gli scavi archeologici hanno restituito due città, Ercolano e Pompei, quasi intatte nell'aspetto che avevano al momento dell'eruzione, nel 79 d.C. Dalle ceneri sono emerse ville e case dagli interni stupendamente affrescati con colori vivaci e brillanti e nelle botteghe degli artigiani un numero incredibile di materiali artistici, tra i quali un'infinità di pigmenti che ha permesso di analizzare e capire l'esatta natura dei colori usati a quel tempo in pittura, colmando così i passaggi a volte non del tutto chiari di alcune delle pur copiosissime informazioni che gli autori dell'epoca, in particolare Plinio, ci hanno lasciato sui pigmenti usati e sulla loro preparazione. La grande varietà e quantità di colori in polvere ritrovati nelle botteghe dei mercanti pompeiani ha permesso di analizzare colori inalterati, così com'erano nel loro stato originale pronti per essere usati.

La gamma dei pigmenti era molto vasta; moltissimi i colori naturali, prevalentemente di origine minerale e per i quali era necessario un processo di estrazione e purificazione; in numero inferiore i colori naturali di origine vegetale e di natura organica. Tra i bianchi naturali il Paraetonium era considerato il più adatto da usare su intonaco per la sue resistenza e levigatezza; Plinio dà una versione assai fantasiosa della sua natura: dice che esso è costituito da" spuma di mare consolidata con limo"; la sua origine è comunque marina poiché il paretonio è un calcare misto a detriti marini fosfatici; era indubbiamente il più pregiato colore di sottofondo per le qualità già citate: era un ottimo fissante del colore e faceva risaltare i colori usati su di esso; le crete bianche erano usate in pittura come colori bianchi oppure si usavano come sottofondo nella pittura murale, per la diluizione dei colori o come base inorganica per la creazione delle lacche; fra le crete calcaree ricordiamo il Melinum, già usato dal pittore greco Apelle, e la Selinusia; tra le silicee la Cimolia e l'Eretria, usate soprattutto come sottofondo ai dipinti parietali, la Creta Argentaria, che è una farina fossile, ossia un composto di spoglie microscopiche di alghe silicee (diatomee), miste a sabbia, sostanze organiche, carbonato di calcio, ossido di ferro; é descritta da Plinio nel suo capitolo sulle crete ove dice che il suo nome viene dal fatto che serve a lucidare l'argento; la creta argentaria ha grande potere assorbente e per questo era usata nella preparazione delle lacche, fra le quali il pregiato Purpurissum. Tra gli azzurri naturali Plinio cita il Caeruleum Shythicum (a base di Lapislazzuli) e il Caeruleum Cyprium (a base di Azzurrite) dicendo che quest'ultimo veniva preferito al primo e ciò è comprensibile per il fatto che l'Azzurrite, un carbonato basico di rame, si trasforma col tempo in malachite che è la forma più stabile di carbonato basico di rame; una trasformazione tuttavia lentissima, di decine o centinaia di anni; il risultato lo si può oggi osservare in alcune pitture murali medievali dove l'azzurro del cielo è diventato verde. L'Indaco invece, essendo una sostanza organica e quindi facilmente alterabile, non si è conservato in nessuna pittura pompeiana, ma sappiamo comunque del suo uso in pittura grazie alle notizie di Plinio. A lungo si è creduto che l'indaco, per il suo aspetto, per la sua consistenza e per il fatto che non era solubile in acqua, fosse di origine minerale e per questo era usato solo come pigmento; esso, infatti, giungeva a Roma dall'Oriente sotto forma di piccole pietre blu, frutto di un particolare processo di lavorazione delle foglie dell'*Indigofera tinctoria*; occorsero secoli per scoprirne la natura vegetale e pare sia stato grazie alle descrizioni che ne diede Marco Polo visitando l'India; forse non a caso, il primo documento dove si trova menzionata la tintura in blu con l'indaco esotico è lo statuto dei tintori veneziani del 1303.

Tra i verdi sono stati riconosciuti la Terra verde detta "creta viridis", un'argilla la cui migliore qualità a detta di Vitruvio proveniva da Smirne; con il nome di 'appianum' si designava un pigmento verde ricavato dalla creta viridis ed usato soprattutto per falsificare un verde assai più pregiato ricavato da un minerale di rame, la malachite, che nell'antichità era designata sotto il nome di "armenium" e "chrysocolla". Chrysocolla significa "colla d'oro" e con questo termine veniva indicata sia l'operazione della saldatura dell'oro, per la quale veniva usato questo minerale, sia i prodotti usati per tale operazione. La chrysocolla era un colore molto usato e sul quale gli autori abbondano di notizie; Teofrasto dice che la chrysocolla è presente in gran quantità nelle miniere d'oro ed è ancor più abbondante in quelle di rame; Plinio pone la chrysocolla tra i colori floridi, ovvero tra quei colori che, essendo pregiati, e di più alto prezzo, venivano forniti al pittore dal committente; dice che è un liquido che scorre nei pozzi delle miniere di oro, che la migliore è quella che si trova nelle miniere di rame; e quest'ultima doveva essere la malachite che è il minerale di rame, la chrysocolla nella sua forma più pura. Plinio dice anche che v'era un metodo per ottenere la chrysocolla artificialmente e che consisteva nell'immettere lentamente acqua nella vena metallica durante tutto l'inverno fino al mese di giugno, e lasciando poi essiccare per i due mesi successivi; questa chrysocolla era ritenuta comunque di qualità molto inferiore a quella naturale. I minerali di rame nelle loro varie forme costituivano il verde più usato dagli antichi; avevano quindi un costo elevato ed erano oggetto di falsificazioni e sofisticazioni.

I colori rossi naturali erano forniti dalle "rubricae", ovvero dalle ocre nelle loro diverse varietà; la più pregiata era la Sinopis pontica, proveniente dalla città di Sinope, nel Ponto e che veniva commerciata in vari tipi, a seconda dell'intensità del colore; il Cinabro, composto di solfuro di mercurio, il minium dei latini, è un minerale che, stando a ciò che dice Plinio, proveniva interamente dalle miniere della Spagna e giungeva a Roma allo stato di minerale nativo poiché lo si poteva purificare e cuocere solo nella capitale; Plinio, che lo pone tra i colori floridi, ce ne descrive anche la lavorazione: il minerale, che ha colore scarlatto, viene pestato e la polvere granulosa è sottoposta a diversi lavaggi per purificarla dai vari residui; taluni usano la polvere del primo lavaggio, ma la migliore è quella che si ricava dal secondo. Il cinabro, senza speciali accorgimenti, non può essere usato nell'affresco perché viene alterato e decomposto dalla calce; gli agenti atmosferici, in particolare la luce, lo fanno annerire; per ovviare a questo inconveniente la tecnica romana si valeva dell'uso della cera e di oli aggiunti, che stesi sulla pittura parietale neutralizzavano la causticità della calce, impedendole così di agire sul cinabro e di alterarlo. In più la cera, già usata a questo scopo dagli Egizi, impediva agli agenti atmosferici di agire sui colori in quanto costituiva un involucro esterno impermeabile di protezione.(4)

Tra i pigmenti rossi rinvenuti a Pompei ed analizzati dall'Augusti ve n'erano alcuni "sotto forma di pezzi, duri, pietrosi, compatti, di colore rosso-vivo, parzialmente ricoperti di giallo, e che, polverizzati, danno una polvere di un bel colore rosso-aranciato, di una calda tonalità."(5).

Si tratta di colori costituiti da realgar (bisolfuro di arsenico), chiamato nell'antichità col nome di "sandaracha", parzialmente ricoperti all'esterno da orpimento.

"Questi due colori sono entrambi minerali nativi, di analoga composizione chimica (solfuri di arsenico) che si trovano spesso associati nei loro giacimenti. Il realgar è abbastanza diffuso in natura, ma raramente in grandi quantità, poiché tende a trasformarsi in orpimento, che costituisce la forma più stabile, e che si trova in natura in masse abbastanza considerevoli." (6). Virtuvio ci dice che l'orpimento proviene dalle miniere del Ponto e Plinio scrive che orpimento e sandaraca sono sostanze della stessa natura e che l'orpimento viene torrefatto in un vaso di terra finché cambi colore: e difatti l'orpimento, riscaldato in un recipiente chiuso, si trasforma in realgar.

Plinio ci parla di un pigmento organico chiamato Cinnabaris Indicus; è ciò che corrisponde al "sangue di drago", un prodotto naturale ottenuto da resine secrete da vari tipi di palme. Al tempo di Plinio tuttavia non se ne conosceva la vera origine e lo si riteneva, secondo il resoconto dello stesso Plinio, derivato dalla miscela di sangue di elefante e di drago in seguito alla lotta mortale che questi due animali ingaggiavano tra loro ogni volta che si incontravano; Plinio ne parla con dovizia di particolari, come se fosse stato veramente testimone oculare di tali scontri; parlando del pigmento afferma che in pittura non ve n'è altro che renda meglio il colore del sangue e lo pone tra i colori floridi. Anche il sangue di drago, essendo una sostanza di origine vegetale, è facilmente decomponibile e non si è conservato in alcun dipinto pompeiano.

I gialli naturali sono costituiti da varie qualità di ocre gialle e dall'orpimento; la varietà di ocra più pregiata era il sile Attico, dal bel colore giallo-oro, che era oggetto di molte falsificazioni.

Altrettanto numerosi erano i colori artificiali, la cui fabbricazione, nell'antichità classica, avveniva su vasta scala; Pozzuoli ne fu un importantissimo centro di produzione e di esportazione. Tutti i colori erano commerciati sotto forma di polveri o di piccoli blocchi compatti.

V'erano diversi metodi nella preparazione dei colori artificiali; alcuni si ottenevano miscelando colori naturali o artificiali, altri per cottura o calcinazione di un prodotto naturale, in altri casi le materie prime venivano trattate con prodotti liquidi di natura acida; infine fissando un colorante di natura organica su una sostanza minerale inerte si ottenevano le lacche .

Nella miscelazione, un procedimento per via secca, cioè senza intervento di liquidi, due o più colori naturali o artificiali venivano mescolati tra loro senza che ciò comportasse alcuna reazione chimica. Oltre ai colori tradizionalmente ottenuti per miscela, quali ad esempio i verdi che risultavano dalla miscelazione di giallo e azzurro, venivano preparate miscele molto particolari; il Sandyx era un colore rosso ottenuto da una miscela di Rubrica (=terra rossa) e Cerussa usta (= minio di piombo); il Syricum era sempre un rosso da una miscela di Sinopis (=ocra rossa) e Sandyx ove il minio di piombo rinforzava il colore dell'ocra conferendole una tonalità più calda; il Leucophorum era un collante che si usava per fissare l'oro sul legno ed era una miscela di Sinopis Pontica (l'ocra rossa proveniente dalla città di Sinope nel Ponto e che era considerata quella di miglior qualità) , Sile Lucido di Gallia (varietà di ocra gialla) e Melinum (creta bianca); la creta bianca era usata, in quantità variabili, con un altro colore per ottenere una serie di sfumature dal chiaro allo scuro.

Altri colori subivano un processo di cottura o calcinazione già largamente praticato in Egitto e Mesopotamia; con questo metodo dalla cerussa (biacca o bianco di piombo) si otteneva la già citata cerussa usta o minium secondarium: l'effetto chimico del calore trasformava la cerussa , un carbonato basico di piombo, in ossido di piombo di colore rosso. Un altro bel rosso ottenuto per cottura era l'Ocra usta od ocra rossa artificiale ottenuta dalla calcinazione del Sil, l'ocra gialla naturale. L'Atramentum o Nerofumo era prodotto in gran quantità; serviva in pittura per il nero e per la preparazione degli inchiostri; Vitruvio e Plinio ci danno una descrizione dettagliata del procedimento di fabbricazione: resina o legno

43

resinoso o feccia di vino erano bruciate in un forno; attraverso una stretta apertura il fumo denso della combustione era convogliato in una camera con pareti perfettamente levigate; sulle pareti fredde della camera si depositava la fuliggine, o nerofumo, che veniva poi raschiata via e raccolta; veniva poi asciugata al sole e mescolata a gomma arabica per usarla come inchiostro o a glutine (colla vegetale usata come medium nella pittura a tempera) per la pittura murale.

Un nero citato da Plinio, che corrisponde al nostro nero d'avorio, è l'Elephantinum ottenuto calcinando in vasi chiusi i residui della lavorazione dell'avorio; questo pigmento si presenta sotto forma di polvere finissima e vellutata.

Tra i colori ottenuti per impasto e cottura il più pregiato e famoso è il Caeruleum Aegyptium o azzurro egiziano rinvenuto in notevoli quantità nelle botteghe pompeiane in gradazioni di colore diverse, ottenute con miscele con creta bianca, e in consistenze diverse: sotto forma di sferette di circa 2 cm. di diametro e in polvere finissima o in granuli più grossi. Per la sua bellezza ed inalterabilità questo colore, dapprima importato, fu poi prodotto a Pozzuoli e per questo lo si trova citato anche sotto il nome di "azzurro pompeiano" o caeruleum Vestorianum dal nome di Vestorio che fu il primo ad iniziarne la fabbricazione a Pozzuoli.

Vitruvio ci dice che " la sabbia viene triturata con fior di nitro (carbonato sodico naturale, il natron degli Egiziani) finché si riduca in polvere fine come farina e quindi viene mescolata con rame di Cipro, ridotto in limatura, e bagnata per farla agglomerare. Dalla massa pastosa si ricavano delle pallottole che si pongono ad asciugare. Una volta asciutte si mettono in un vaso di terracotta in un forno a forte calore finché si forma il ceruleo"(7).

A Pompei l'azzurro egiziano era presente in una vasta gamma di tonalità, dalla più scura, in polvere più grossolana, alla più chiara, in polvere finissima; ciò smentisce quanto dichiarato da alcuni autori sul fatto che l'azzurro egiziano era sempre preparato in polveri grossolane mentre tutti gli altri colori erano preparati in polveri sottili per cui, a causa della eccessiva differenza nella dimensione delle particelle, l'azzurro egizio non si sarebbe potuto mescolare con altri pigmenti né diluire con creta bianca polverizzata per l'utilizzo nella pittura a tempera poiché le sue particelle grossolane si sarebbero depositate e solo la creta sarebbe rimasta sospesa nella pittura. Le indagini e le analisi dell'Augusti hanno dimostrato invece che a Pompei v'erano numerosi campioni di colori azzurri diluiti con creta e che l'Azzurro egiziano era utilizzato, nella pittura murale, allo stesso modo di tutti gli altri colori dell'antichità. Esistevano diverse varietà di caeruleum di qualità e costo diversi; Plinio ricorda il Coelon dal colore azzurro molto chiaro, assai pregiato e costoso, ricavato dalla parte più leggera dell'azzurro egiziano, macinando l'azzurro puro assai finemente: infatti, come s'è già detto, quanto più fini sono i granuli della macinatura, quanto più chiaro e delicato diviene il colore del pigmento; sempre Plinio ci parla del Lomentum, più chiaro e costoso del ceruleo ordinario, si preparava lavando e pestando in polvere fine l'azzurro egiziano e aggiungendo poi creta.

Due colori che ebbero molta fortuna in pittura e che venivano preparati per via umida, ovvero per effetto di liquidi di natura acida, erano la Cerussa (carbonato di piombo) e l'Aerugo, ossia il Verderame (acetato basico di rame), ottenuti esponendo il piombo e il rame ai vapori dell'aceto come già descritto nel capitolo sugli Egizi. L'aceto serviva anche per sciogliere le impurità di vari colori sia naturali che artificiali. Le analisi dell'Augusti non hanno tuttavia rilevato tracce di Cerussa a Pompei e ciò, invero, può sembrare assai strano per un colore tanto importante; ma sappiamo che l'azione dei vapori sulfurei trasforma il carbonato di piombo, bianco, in solfuro di piombo, nero e poiché i vapori sulfurei vengono esalati in abbondanza dai vulcani la cerussa non si sarebbe potuta conservare inalterata in una Pompei.

Alcuni colori poi erano il sottoprodotto di altre industrie; ad esempio la Spuma argenti di cui parla Plinio era un sottoprodotto della industria metallurgica; si tratta del Litargirio, un ossido di piombo che si ricava in abbondanza durante l'estrazione dell'argento dal piombo argentifero; il suo colore risulta variabile dal rosso al giallo; Plinio dice che si prepara fondendo il minerale e facendolo defluire, da un recipiente superiore, in uno inferiore; prelevandolo da questo, a mezzo di schiumatoi in ferro, e riportandolo nella fiamma, per renderlo più leggero; "spuma argenti" indica quindi la schiuma della materia in fusione; il Litargirio quindi veniva ricavato dalla scoria del materiale in fusione.

Pozzuoli si era specializzata nella estrazione di materie coloranti dai vegetali ed era rinomata per la grande varietà di lacche che produceva. Come abbiamo già visto, le lacche antiche erano il risultato di una "tintura" effettuata sulla polvere di un minerale naturale, solitamente una creta bianca, per mezzo di un succo colorante vegetale o animale. Dalle analisi condotte sui colori ritrovati a Pompei, Selim Augusti ha individuato due di queste lacche antiche, una lacca viola ed una gialla; la prima è il pregiato Purpurissum , trovato a Pompei in grandi quantità e del quale ci parlano Plinio, che lo elenca nei colori floridi, e Vitruvio; si otteneva ponendo Creta argentaria nelle caldaie contenenti la porpora, la preziosissima sostanza colorante ricavata da alcune specie di Murex, usata poi per la tintura dei tessuti: la sostanza colorante, l'"ostrum" citato da Vitruvio, si fissava sulla creta colorandola; la gamma di tonalità di colore dei campioni analizzati è molto vasta e le diverse intensità di colore sono dipese dalle diverse concentrazioni della soluzione colorante e dalla diluizione della lacca con creta bianca. Il purpurissum veniva impastato, tagliato in cubetti della grandezza delle tessere dei mosaici e lasciato asciugare. Il suo uso era destinato soprattutto per la pittura su ceramica e come cosmetico: i suoi componenti infatti, totalmente innocui per la pelle, ne facevano una cipria perfetta che, grazie all'aggiunta della creta bianca, offriva tutte le tonalità più adatte all'incarnato femminile. Il purpurissum prodotto a Pozzuoli era, a detta di Plinio, il migliore, più bello di quello proveniente da Tiro; a Pozzuoli infatti il suo colore veniva intensificato e ravvivato con l'aggiunta del succo colorante estratto dalla Robbia. Insieme all'azzurro egizio il purpurissum era il colore più costoso e vi erano di conseguenza varie imitazioni e falsificazioni sul mercato; tra le più comuni la creta Selinusia tinta con la Robbia o con il succo di fiori di giacinto o d'isgino.

La seconda lacca, di un bel colore giallo-oro, dal succo di viola che, oltre a fornire una lacca violetta con il metodo usuale, forniva anche una lacca gialla con lo stesso succo fatto bollire sino a che il colore virava al giallo; Vitruvio ci informa che questa lacca si preparava anche ad imitazione del sile attico, la varietà più bella e pregiata di ocra gialla; molte lacche infatti si usavano anche per imitare o falsificare i colori più pregiati e costosi. Così l'Indaco si falsificava tingendo creta selinusia o anularia con il Guado (Isatis tinctoria), le cui foglie contengono il precursore del colorante blu, oppure facendo bollire in acqua viole secche e tingendo con esso la creta Eteria; il verderame, con polvere di marmo o pietra pomice tinti con il colorante giallo ricavato dalla infiorescenza della Reseda luteola, il quale serviva anche per tingere una sostanza argillosa detta "alumine shistum" e a falsificare la crysocolla; il caeruleum aegiptium veniva imitato e falsificato producendo un caeruleum meno puro e di manifattura più scadente. (8)

5) LA TAVOLOZZA MEDIEVALE

Luce divina nel colore

Nei primi secoli successivi all'anno Mille l'atteggiamento verso il colore é caratterizzato dalla ricerca di una luminosità irradiante dal colore stesso; come sottolineano chiaramente Lia Luzzatto e Renata Pompas, il gusto cromatico per le tonalità forti e sature, già presente nell'arte carolingia, si arricchisce di luminosità e trasparenze nell'incontro con il discorso teologico sulla mistica della luce.

"La dialettica medievale tra spirito e materia, tra bene e male rinnovò la forza simbolica della contrapposizione luce-tenebre, attribuendo alla luce l'origine divina, le qualità dello spirito, del sottile e dell'immateriale, e alle tenebre la negatività del peccato, rappresentata dalla materia, dall'opacità e dalla densità. Questa filosofia accese il Medioevo di colori brillanti, sottendendo che la perfezione e la bellezza delle cose terrene si potessero trovare solo nella luminosità. Il colore venne ritenuto tanto più bello quanto più avesse incorporato nella propria matericità la luce; la trasparenza e la lucentezza vennero caricate di una connotazione morale. ...

"La passione per la limpidezza, la brillantezza e il translucido stimolò moltissime lavorazioni artistiche, da quella dei metalli decorati a smalto all'uso di vernici trasparenti per la rifinitura dei manufatti, alle vetrate colorate, che si diffusero a partire dal XII secolo. La pittura fece risplendere i colori impiegando sostanze lucenti e vivificandoli nell'accostamento con lo sfolgorio dell'oro, ma nulla più delle vetrate, che facevano filtrare nell'interno delle costruzioni religiose luce colorata, sembrava meglio rappresentare l'orientamento teologico-filosofico medievale. La purezza del materiale vitreo consentiva di sperimentare una gamma cromatica accesa di bagliori, con accostamenti di rossi e di celesti, di verdi e di violacei, di blu e di gialli, attraverso cui la luce si sostanziava di colore e in questo si concretizzava lo splendor, cioè la presenza del sovrannaturale nella materia. ... Così per l'uomo medievale era bello ciò che era intenso, brillante e luminoso; si trattò di una lunga stagione caleidoscopica attraversata da un acceso e irripetibile cromatismo. Anche l'abbigliamento si allineò alla nuova inclinazione dei colori, che volevano contendere lo splendore alla luce, accostando tinte sature in contrasti che si esaltavano vicendevolmente. ... Nacque uno stile internazionale, accomunato dalla sottigliezza della linea verticale e dall'uso di tessuti fluidi: i leggeri drappi rilucevano con i loro effetti cangianti; i morbidi velluti consentivano forti intensità coloristiche; i ricami, le applicazioni, gli interventi aurei e i tagli che permettevano la visione di foderature dal colore contrastante accendevano di luce le vesti." (1)

"Per la teologia medievale la luce è la sola parte del mondo sensibile che sia al tempo stesso visibile e immateriale. Essa è <<visibilità dell'ineffabile>> (sant'Agostino) e, come tale, emanazione di Dio. ... Se il colore è luce, partecipa del divino per sua stessa natura. Cercare di estendere in questo mondo – in particolare nella chiesa – il posto del colore equivale a respingere le tenebre a beneficio della luce, dunque di Dio. Ricerca del colore e ricerca della luce sono indissociabili. Il dibattito sulla natura del colore è ancora in pieno fermento nel XII secolo e provoca ripercussioni concrete su ogni aspetto della vita.

"Le risposte che vi si danno determinano il posto del colore nell'ambiente e nel comportamento del buon cristiano, nei luoghi che frequenta, nelle immagini che contempla, negli abiti che indossa..." (2)

"La bellezza di un colore, innanzi tutto, dipendeva dalla sua luminosità e dalla sua intensità. L'alta saturazione e l'assenza di sfumature e mezzitoni, infatti, oltre a conferire al colore quel potere espressivo esplicito necessario per il significato simbolico che aveva, facevano sì che il colore tendesse alla condizione della luce, dell'oro e delle gemme, considerati per lungo tempo i simboli del valore artistico. Questa estetica del colore procedeva in sintonia con la dottrina della 'metafisica della luce' che, interpretando neo platonicamente il mondo come irradiazione di Dio – luce suprema-, attribuiva alla luce un valore non solo mistico e spirituale, ma anche estetico. Molti pensatori del XIII secolo si occuparono del problema della luce sotto questo punto di vista e, fra gli altri, Roberto Grossatesta:'la bellezza e la perfezione di ogni corpo è la luce…', Witelio: '…ogni cosa quanto più ha di luce tanto più ritiene dell'essere divino…' e San Bonaventura:'…La luce è la cosa nobilissima fra le cose corporee.' La preziosità e la lucentezza nell'opera d'arte, almeno per quanto riguarda la pittura su tavola, si manifestava in primo luogo nei fondi d'oro; sullo strato preparatorio di bolo rosso, colore che esaltava la calda rifrazione dell'oro,venivano applicate le foglie metalliche ridotte allo spessore di un velo, in modo da formare una superficie di astratta purezza, luminosa al massimo grado e il cui effetto si amplificava nella penombra delle candele." (3)

Il colore   diventa un mezzo di esaltazione divina poiché il colore è considerato prima di tutto come luce e poiché la luce, nella teologia medievale, era visibilità dell'ineffabile e come tale emanazione di Dio, estendere il colore all'interno dei luoghi di culto equivaleva a respingere le tenebre a beneficio della luce, dunque di Dio .

Ecco quindi la scelta delle campiture dorate come sfondo e dei grandi campi piatti di colore puro e luminoso, e dei colori più belli e costosi da parte dei committenti più ricchi per onorare il Divino attraverso i materiali più preziosi.

L'oro possiede antiche associazioni che rendono il suo valore trascendentale..L'oro è la sostanza della regalità, quindi offrirlo a Dio era il modo migliore per dimostrare, nell'arte sacra, la propria devozione. Il fatto che l'oro sia incorruttibile, che non si ossidi e non perda il suo splendore nel tempo ne fanno la vera materializzazione dell'eterno splendore divino, chi indossava gli 'abiti d'oro' , si vestiva di luce divina e diveniva simbolo della regalità terrena ricevuta per volere divino; massima espressione di un rango altissimo in una gerarchia prestabilita dalla volontà divina.

Inizialmente chiamati 'panni tartarici', la produzione di panni d'oro ha origine nell'impero mongolo ed in seguito si espande anche nei kanati di Siria ed Egitto

Dopo il 1291, in seguito alla proibizione papale di commerciare con Siria ed Egitto, Venezia e Genova dirottano il loro commercio verso il Mar Nero e l'impero mongolo.

Nell' inventario del tesoro papale del 1295 questi panni, probabili doni diplomatici, sono più volte citati.

Nella *Annunciazione* di Simone Martini e Lippo Memmi, 1333, (Uffizi, Firenze) uno dei più raffinati abiti d'oro di tutta la pittura medievale è indossato dall'angelo annunciante. Si tratta di una tunica in filo d'oro con ricami in oro la cui foggia e il delicato ricamo a piccoli elementi vegetali è tipico della dinastia Yuan.

Per rendere lo splendido abito d'oro dell'angelo il Martini lo ricopre di uno strato di foglia d'oro e ne fa risaltare il motivo decorativo con la tecnica sia dello sgraffito che della punzonatura per accentuare il contrasto tra il fondo ed il ricamo. (4)

La lavorazione su oro richiedeva un'abilità particolare. L'oro poteva essere disteso a foglia su un fondo di bolo rosso spennellato di collante e poi lisciato con il brunitoio, di solito una pietra d'agata, oppure la foglia poteva essere distesa sotto lo strato di colore della veste la quale veniva poi sgraffita per mettere in evidenza la decorazione in oro. Il fondo aureo poteva essere lavorato a bulino, a punzone, a cesello o a pastiglia, così da produrre una vasta gamma di effetti di diffusione e rifrazione dorata della luce. La bulinatura si eseguiva col 'bulino', un sottilissimo scalpello che permetteva di incidere la foglia e asportane le parti eccedenti; la punzonatura si avvaleva di timbri detti punzoni per decorazioni incise o impresse; per le decorazioni a pastiglia si usava un composto solido di colla proteica, gesso e polvere d'oro applicato in spessi strati sì da risultare in rilievo.

Nella *Annunciazione* le parole di saluto dell'angelo sono in pastiglia dorata. Nella *Maestà* ,1312-15, opera sempre del Martini situata nel Palazzo Pubblico di Siena, l'ornato floreale è realizzato a pastiglia, mentre le decorazioni delle aureole sono ottenute usando il punzone, primo esempio importante di punzonatura applicata all'arte pittorica.

Il razionalismo umanistico-rinascimentale spazzerà via questa visione metafisica della luce e del colore e quest'ultimo diverrà materia illuminata dalla luce naturale perdendo ogni legame teologico.

L'oro diverrà materiale di lusso e di sfoggio di ricchezza e potere senza la connotazione divina dei secoli precedenti.

La pittura abbandona i grandi campi piatti di pigmenti puri e smaglianti per passare alle luci ed ombre della realtà, al colore sfumato, a combinazioni cromatiche armoniose, al colore investito dalla luce naturale che ammorbidisce gli abbinamenti fra tinte diverse.

Provenienza delle materie prime

Nel corso del Medioevo la tavolozza si arricchisce di nuovi colori; in aggiunta ai materiali ereditati dall'antichità vengono messe a punto tecniche per creare nuovi coloranti e pigmenti che meglio si adattavano ai nuovi supporti usati in pittura e in altre forme artistiche. La grande industria internazionale, che diviene la spina dorsale dell'economia europea, é largamente responsabile della ricerca di nuove tecnologie per nuovi colori ed un contributo fondamentale venne, come vedremo, sia dall'alchimia araba che da quella occidentale. La grande fioritura artistica già in atto nel XII secolo reclamerà sempre più ingenti quantitativi di materie prime per la creazione di coloranti e pigmenti influenzando notevolmente la svolta dei commerci nonché lo stesso paesaggio agricolo del tardo Medioevo poiché alcuni tra gli estratti coloranti più richiesti per la tintura dei tessuti pregiati, quali la seta, erano ampiamente usati anche per la fabbricazione di lacche per la pittura e la miniatura; i documenti dell'epoca, ad esempio, attestano che fin dalla prima metà del XII secolo le forniture all'Inghilterra di guado italiano, in partenza da Genova, erano numerose e ingenti; l'indaco estratto dal guado fu per secoli non solo il colorante più pregiato, e l'unico, nella tintura in blu, ma fu molto usato anche in pittura sia come pigmento o per le miscele di colore o in sostituzione di pigmenti più costosi; la sua coltivazione divenne particolarmente estesa ed economicamente importante anche per la Francia e la Germania che non esitarono a difendere la loro produzione con drastiche misure quando la videro minacciata dall'immissione sul mercato europeo del meno costoso e più pregiato indaco prodotto dalle Indigofere del Nuovo Mondo. Sul territorio italiano si estesero sempre più anche le coltivazioni di robbia, reseda e zafferano a supporto di tintura, pittura e miniatura. Molti dei minerali naturali per la preparazione di pigmenti erano reperibili nelle cave e nelle miniere italiane, anche se non sempre il prodotto nazionale era in grado di soddisfare totalmente le richieste; l'azzurrite, per la fabbricazione dell'"azzurro della Magna", si estraeva anche da alcune miniere in Sardegna e Toscana; in queste

53

due regioni v'erano inoltre importanti cave di ocre gialle e terra d'ombra; miniere d'argento, rame, piombo e grafite in Sardegna; il veronese abbondava di terra verde e ocre gialle e in Toscana si sfruttano ancor oggi, anche se esclusivamente per l'estrazione del mercurio, le miniere del monte Amiata ricche di cinabro naturale; Pozzuoli era famosa sin dall'antichità per le sue terre rosse e i giacimenti di zolfo; orpimento e realgar erano reperibili nelle aree vulcaniche del Vesuvio e dell'Etna. Molte materie prime tuttavia venivano importate, alcune da terre molto lontane, come ad esempio il lapislazzuli, necessario alla fabbricazione dell'oltremare, che proveniva dalle miniere di Badakhshan situate nell'odierno Afghanistan che Marco Polo visitò nel 1271; la quantità estratta limitata, la difficoltà di estrazione in quanto pietra molto dura, il lungo trasporto ed una lunga e laboriosa preparazione del pigmento fecero dell'oltremare il colore più costoso in pittura, più dell'oro stesso. Dall'Oriente arrivavano anche l'indaco orientale, il legno brasile, la lacca indiana, la curcuma, il diaspro rosso; per secoli queste merci, insieme a molte altre, furono portate in Occidente dai mercanti arabi che le compravano in India e le trasportavano via mare fino al porto di Hormuz in Persia, poi, via terra, con una lunga catena di carovane giungevano ai porti commerciali del Levante mediterraneo: da Baghdad ad Alessandria, Cipro o Rodi dove erano comprate dai mercanti italiani che le distribuivano in Occidente e nel nord Europa. Le Repubbliche marinare con i loro avamposti commerciali in Levante permettevano al mercato italiano di approvvigionarsi delle merci più importanti e della qualità migliore e ad un costo assai inferiore rispetto alle altre aree europee ove molte materie prime arrivavano con prezzi infinitamente più elevati; non a caso il prezioso oltremare fu usato molto dai pittori italiani, in particolare fra il XIV e il XVI secolo, ma assai poco dai pittori del nord Europa ove il suo prezzo veniva spesso decuplicato. Venezia, con il potere esercitato lungo le rotte commerciali per l'Oriente, diventò uno dei centri di smercio europeo più importanti, anche per il lapislazzuli, e più tardi, nel XVI secolo, divenne centro di produzione di un oltremare considerato il migliore in commercio. In certi periodi poi i prezzi delle merci erano soggetti ad una costante fluttuazione dovuta alla maggiore o minore disponibilità delle materie prime; queste infatti non sempre giungevano regolarmente dai luoghi d'origine poiché troppe erano le incognite ed i pericoli che potevano compromettere il buon esito delle spedizioni; tuttavia nel periodo di tempo che va sotto il nome di "pax mongolica", durato circa dal 1240 al 1360, grazie alla stabilità politica del vasto impero mongolo ed al costante pattugliamento dell'intero territorio vi fu, più che in qualsiasi altro momento, la possibilità di un viaggio ed un ritorno sicuri; rifiorirono così notevolmente gli scambi commerciali con l'Oriente e il volume del commercio italiano con la Cina e l'India assunse proporzioni e vastità insospettate; a compenso dei rischi, delle enormi fatiche e dell'assenza per molti anni, c'era la possibilità di incredibili profitti. Interesse per l'Oriente ed influssi dall'Oriente si riflettono anche nell'arte; l'iconografia sasanide esercita una notevole influenza su molte decorazioni architettoniche del primo gotico italiano; anche in pittura si nota l'interesse verso l'Oriente da parte di alcuni artisti, tra i quali Giotto e in particolare i maestri della scuola senese, che utilizzano caratteri della calligrafia araba o della scrittura mongola, liberamente interpretati, per ornare i bordi delle vesti delle Madonne o dei santi, oppure le aureole o le cornici, ottenendo ciò grazie ad un uso eccezionalmente abile delle tecniche della doratura; in altri casi alcuni personaggi del dipinto indossano vesti di chiara ispirazione orientale; ad esempio, alcune delle fanciulle che danzano ne *Gli effetti del buon governo* di Ambrogio Lorenzetti (Palazzo Pubblico, Siena) indossano vesti lievi e trasparenti, con il motivo della libellula, tipico della pittura Sung, o con bachi da seta ondulati; e nell'affresco *Il martirio dei francescani a Tana*, sempre del Lorenzetti (Basilica San Francesco, Siena), l'artista, con una precisa funzione simbolica, inserisce tre personaggi di chiara etnia mongola.

Oggetto di intenso commercio fu poi l'allume; durante il Medioevo, esauritesi le miniere che avevano rifornito i Romani del prezioso materiale, si ricorse ai giacimenti dell'Oriente mediterraneo; dopo la conquista di Focea nel 1267, Genova detenne il monopolio dell'estrazione e del trasporto dell'allume fino a quando la conquista dell'area da parte dei Turchi nel 1455 ne tagliò i rifornimenti; fu un momento di grave crisi delle manifatture tessili poiché l'allume era fondamentale per la mordenzatura delle fibre da sottoporre a tintura, ma lo era altrettanto per l'industria conciaria e per la preparazione delle lacche per la pittura; la crisi tuttavia si risolse presto grazie alla scoperta di un grande giacimento a Tolfa presso Civitavecchia, allora sotto il dominio papale; la portata e l'importanza di tale scoperta è chiaramente espressa dalle parole pronunciate per l'occasione da Pio II:<abbiamo vinto la più grande battaglia contro i Turchi> (5)

Il contributo degli Alchimisti

Il termine alchimia comprende l'insieme dei tentativi e delle speculazioni che, attraverso lo studio delle trasformazioni permanenti delle sostanze, basandosi sull'assunto aristotelico dell'unica materia, miravano a trasformare i metalli mediante la pietra filosofale e a perfezionare, rendendola incorruttibile, la materia umana, mediante l'elisir di lunga vita. Straordinaria congerie di tecniche spesso raffinate, circondata da mistero, coltivata da sapienti e da ciarlatani, sempre in sospetto di eresia, propagata con testi spesso apocrifi, zeppi di simboli astrusi e scritti in linguaggio esoterico, l'alchimia esprime l'aspirazione umana di conoscere i segreti della materia per dominarla. Nonostante l'erroneità delle sue premesse, si devono all'alchimia importanti scoperte scientifiche.(6) Le ambizioni degli alchimisti sono ben esemplificate dalle parole di Roger Bacon che nel XIII secolo, nel suo Opus tertium, stabilisce categoricamente che < l'alchimia è operativa e pratica: insegna come creare metalli nobili e colori e molte altre cose meglio e in maggior quantità con l'artificio di quante ne siano state create dalla natura>. (7)

Sin dalle sue origini nell'Egitto ellenistico, l'Alchimia fu strettamente relazionata alla tecnologia del colore; "le sue origini non si trovano nella metafisica ma nella prassi dei mestieri antichi. L'alchimia in fondo è l'arte della trasformazione: forniva un inquadramento teoretico che permetteva agli sperimentatori di comprendere i cambiamenti che le azioni di fuoco, acqua, aria, vapori e tempo apportavano ai materiali. Poiché, come si è già visto spesso, questi cambiamenti erano accompagnati da alterazioni del colore, non può stupire il fatto che l'applicazione pratica dell'alchimia diventasse il mezzo per fornire colori artificiali agli artisti….Il colore sorregge la credenza nella trasmutazione. Si riteneva che il colore di una sostanza fosse una manifestazione esteriore delle sue proprietà intrinseche; privi d'informazione al di là di questa caratteristica superficiale, gli alchimisti avevano tutte le ragioni di supporre che un metallo con l'aspetto dell'oro non fosse altro che oro vero e proprio….Esistono buoni motivi per sostenere che il rosso è la tinta primaria sia della chimica sia dell'arte medievali. L'alchimia gli attribuisce un significato speciale in quanto è il "colore" dell'oro (che era più bello quanto più era rosso) e simboleggia inoltre il culmine della Grande Opera, la creazione della pietra filosofale." (8) Il cambiamento di colore nel processo di trasformazione della materia era essenziale per il raggiungimento dell'ultimo stadio al quale corrispondeva il colore rosso. Non stupisce dunque che la sintesi del solfuro di mercurio, ovvero del cinabro, sia stata messa a punto dagli alchimisti, anche se si ritiene che nella Cina del III secolo se ne facesse già uso; essi ritenevano che zolfo e mercurio fossero i componenti fondamentali di tutti i metalli e che tutti i metalli differissero dall'oro solo nelle proporzioni relative di zolfo e mercurio e che potessero quindi trasformarsi tutti in oro grazie alla semplice modifica dei rapporti tra i due componenti fondamentali; il cinabro artificiale o "vermiglione" viene considerata l'innovazione tecnologica più importante nella pittura medievale; ampiamente usato durante tutto il Rinascimento, continuerà ad essere il pigmento rosso preferito anche nella tavolozza dei secoli successivi, sino ad oggi; nella pittura ad olio il colore si conserverà pressoché inalterato grazie all'azione protettiva delle sostanze grasse contro l'azione degli agenti atmosferici. La preparazione del vermiglione avveniva per sintesi diretta degli elementi nel cosiddetto "procedimento a secco".

Agli alchimisti viene attribuita anche la scoperta dell'orpimento artificiale, ottenuto fondendo insieme realgar (bisolfuro di arsenico rosso) e zolfo, e dell'oro musivo, così chiamato perché serviva a dorare le tessere dei mosaici; si tratta di un bisolfuro di stagno che si presenta sotto forma di lamelle gialle, morbide al tatto, con uno splendore metallico, dorato. Il metodo di preparazione più diffuso richiedeva grande abilità nell'arte di usare il fuoco poiché una temperatura bassa e costante dava un giallo lucente; un calore più forte dava un giallo intenso, ma un eccessivo calore gli conferiva un tono grigiastro. Per la sua scarsa stabilità, oltre che per la sua velenosità, fu impiegato poco in pittura, mentre trovò largo impiego in miniatura quale importante surrogato dell'oro autentico. (5) L'acido solforico, detto "olio di vetriolo", fu sintetizzato dagli alchimisti mediante distillazione di solfati naturali e dissoluzione in acqua del triossido di zolfo (anidride solforica) così sviluppata. Nel XV secolo il metodo fu perfezionato usando come materia prima il solfato di ferro idrato (vetriolo verde), distillato con sabbia. I vetrioli, che sono solfati di ferro, saranno usati non solo nella preparazione di alcuni pigmenti, ma anche per le tinte in nero della seta, specialmente a Genova.

I primi trattati medievali sui colori

La conoscenza dei materiali e delle tecniche usate nel primo Medioevo per la tintura come per la pittura e la miniatura ci giunge attraverso alcuni manoscritti redatti tra l'VIII e il XIII secolo. Durante il Medioevo la terminologia antica dei colori e ancor più delle materie d'origine cambia notevolmente; da qui nascono spesso notevoli difficoltà nell'identificazione corretta delle sostanze citate o si creano confusioni od equivoci sulla vera natura di certi colori in quanto, in certi casi essi, vengono ribattezzati con il nome che i classici usavano per un diverso tipo di pigmento: è il caso, ad esempio, del "minium" dei Latini; come abbiamo visto, nell'antichità classica questo termine indicava il solfuro di mercurio rosso allo stato naturale, ovvero il minerale naturale chiamato cinabro; tuttavia già a quell'epoca taluni indicavano con lo stesso termine l'ossido di piombo rosso, un colore artificiale che ancor oggi viene chiamato minio; il rosso di piombo era anche nominato da alcuni come "cinnabaris" , termine comunemente usato dai classici per indicare un rosso di origine vegetale; questi tre colori, molto simili tra loro per l'aspetto, non hanno tuttavia nulla in comune nella loro composizione chimica e risulta quindi estremamente difficile o del tutto impossibile identificare la vera natura di alcuni materiali coloranti quando in un trattato si trovano semplicemente menzionati e non ci si può valere di una ricetta che ne descriva chiaramente i componenti. Ulteriori problemi di interpretazione dei termini usati come della comprensione delle ricette è dato dal fatto che la terminologia tecnica usata in alcuni trattati non trova riscontro in altri ricettari medievali ed è irreperibile anche nei più completi dizionari latini.(10) E' il caso del più antico manoscritto del genere a noi giunto, il cosiddetto "Manoscritto di Lucca", trovato nella Biblioteca dei Canonici di Lucca e pubblicato per la prima volta da Ludovico Antonio Muratori nel 1779. Come si deduce dal suo lungo titolo originale, 'Compositiones ad tingenda musiva, pelles, et alia, ad deaurandum ferrum, ad mineralia, ad chrysografiam, ad glutina, quaedam conficienda, aliquae artium documenta, ante annos nongentos scripta', il trattato è una raccolta di procedimenti tecnici al fine di svelare all'artigiano un patrimonio di "segreti" tramandatisi per secoli. V'è un chiaro legame con i trattati alessandrini del III secolo e difatti non poche ricette sono già presenti, formulate in modo pressoché identico, nel Papiro di Leida che risale al III secolo; le 157 ricette riguardano insegnamenti su svariate pratiche artigianali: la colorazione delle pietre artificiali per la fabbricazione dei mosaici, la loro doratura, argentatura e lucidatura;la tintura delle pelli, del legno, dell'osso e del corno; l'estrazione di minerali; la composizione di leghe metalliche, la laminatura e la trafilatura dell'oro, dell'argento e dello stagno; un buon numero di ricette riguarda anche la fabbricazione di colori d'origine minerale, vegetale e animale per la pittura e la tintura. L'uso ancor vivo della porpora estratta dai murici e la particolare tecnica della doratura delle pergamene denotano il forte legame di questo trattato con la tradizione classica e bizantina.

Tra i colori di origine minerale troviamo l'orpimento, il trisolfuro di arsenico dal bel colore giallo che virava all'arancio quando conteneva come impurità del bisolfuro di arsenico o realgar, noto ai classici sotto il nome di sandaraca e dal medioevo in poi come realgar; nel trattato in questione viene citato solamente il minerale naturale; sappiamo tuttavia che proprio nel Medioevo, anche se non ci è dato saperne il momento preciso, si iniziò la produzione dell'Orpimento artificiale, fondendo assieme realgar e zolfo, pratica già più che comune al tempo del Trattato dell'Arte del Cennini. Si parla invece di cinabro artificiale, denominato poi "vermiglio" o "vermiglione", e se ne descrive in dettaglio il metodo di preparazione, ponendo cioè zolfo e mercurio in un recipiente sigillato e cuocendoli a fuoco lento; si ritiene che sia stato l'alchimista arabo noto con il nome latinizzato di Geber ad averne scoperto il procedimento chimico verso la metà dell'VIII secolo. Non poteva mancare la ricetta per la preparazione di un sostituto del cinabro, uno dei colori più imitati e falsificati sin dall'antichità: si ottiene con una miscela di ocra rossa calcinata e "siricum"; con la calcinazione l'ocra rossa, di color rosso bruno allo stato naturale, assumeva un colore rosso vivo ed era talvolta usata anche da sola come surrogato del cinabro; il siricum qui menzionato corrisponde al syricum dei classici ed è a sua volta una miscela di minio di piombo ed ocre rosse; nel corso del Medioevo "siricum" divenne sinonimo di "minium" nel senso di ossido di piombo rosso.

Per la preparazione del Litargirio vengono dati due processi diversi, l'uno dal piombo e l'altro dall'argento come si trattasse di due sostanze diverse; in realtà il litargirio, che è un sottoprodotto dell'estrazione dell'argento dal piombo argentifero, può risultare più o meno rossastro o giallastro a seconda del metodo seguito per ottenerlo ed anticamente era detto "aureo" o "argenteo" in base alla sfumatura di colore assunta.

Per la preparazione della Crysocolla, termine che nel Medioevo indicava diversi composti di rame, si parte da composti di rame trattati con carbonato basico di piombo e sapone; il risultato doveva essere un carbonato basico di rame, verde, simile alla crysocolla dei classici. Nel capitolo successivo, sotto lo stesso termine, si ha invece un composto di rame e allume, che forniva probabilmente un azzurro a base di solfato di rame. Sali di rame, ovvero carbonato basico e solfato, erano alla base di un colore azzurro carico definito col nome di "lulax, lulacin"; tono ed intensità del colore erano corretti con l'aggiunta di estratti vegetali; in una ricetta si mescolano verderame, solfato di rame allume e "uvatum", un estratto azzurro del guado. Dalla preparazione degli azzurri è stranamente assente il lapislazzuli che proprio nel Medioevo divenne il minerale più pregiato ed ambito per i toni blu e azzurri.

Il carbonato basico di piombo, noto come biacca, è indicato con più termini, alcuni non riscontrabili in altre fonti; il metodo seguito è quello già descritto da Dioscoride, Vitruvio e Plinio, ossia quello a sospensione del piombo sui vapori d'aceto.

Il termine prasinus significa "verde scuro" e nei trattati medievali sui colori serve sempre ad indicare la terra verde corrispondente alla "creta viridis" dei classici, oggi chiamato "terra di Verona", costituito da un'argilla colorata in verde per la presenza di silicato ferroso; il latino prasinus deriva dal greco "pràsinos"= verde, colore del pozzo, derivante a sua volta da "pràson" = pozzo. (11)

I coloranti organici presenti nel trattato sono in maggior parte di origine vegetale, fiori, radici o cortecce. Alcuni dei fiori menzionati non sono riconoscibili, restano e risultano intraducibili poiché i termini usati per indicarli non sono presenti altrove. Gli estratti vegetali erano assai spesso una componente di ricette piuttosto elaborate nelle quali erano presenti altre sostanze quali, ad esempio, la biacca, l'allume, il sapone, i sali di rame.

L'"uvatum", estratto dal guado, poteva essere usato da solo in pittura, ma nel trattato di Lucca è sempre citato soltanto come una componente di vari colori azzurri ottenuti da mescolanze di prodotti vegetali e minerali.

La Robbia, indicata come "Rubia silvatica", è presente nella ricetta per la preparazione della lacca ottenuta dalla reazione dell'alizarina contenuta nella radice della pianta con l'allume. All'epoca cui appartiene il trattato, vale a dire già dall'VIII secolo, la robbia doveva essere molto richiesta; lo testimonia, ad esempio, il "Capitulare de Villis" di Carlomagno contenente un editto che ordina la coltivazione della robbia nei giardini delle fattorie in tutto l'impero.

La Reseda è detta "luza" e corrisponde all'"herba lutea" dei classici; si cita l'uso dell'estratto colorante sia per la tintura che per la preparazione di una lacca gialla, adatta alla pittura e alla miniatura, ottenuta sempre facendo precipitare l'estratto colorante in allume.

Il "ficarim" era un composto di tono rosso preparato cuocendo insieme una lacca rossa, probabilmente di robbia o di kermes, con urina; vi si aggiungeva poi polvere di gusci di granchio calcinati e della farina di grano; il composto veniva poi seccato al sole.

Un altro rosso presente nel trattato è il sangue di drago, chiamato "dracontea sanguineus"; questo colore é il "cinnabaris indicus" dei classici e nel Medioevo lo si ritrova anche sotto il nome di "sanguis draconis".

Due soltanto i colori organici di origine animale: il kermes e la porpora. Il kermes è qui citato con i termini "coccus", "coccarin", "vermiculum", "bermiculum"; gli ultimi due sono i termini usati comunemente nel Medioevo, unitamente a "vermilium" da cui l'odierno" vermiglio"; il loro significato, "piccolo verme", rivela che soltanto nel periodo medievale si cominciò a capire la natura animale del kermes, ritenuto fino ad allora di origine vegetale. Oltre che per la tintura di tessuti e pelli, il kermes è qui citato anche per la tintura in rosso delle pergamene ad imitazione della assai più costosa porpora. Quest'ultima è citata con i termini "porphira", "conquilium", " jotta decotionis conquilii"= succo di decozione di conchiglia, con chiaro riferimento al metodo di estrazione del principio colorante. La porpora fu ancora usata a lungo nel Medioevo principalmente per tingere le pergamene dei codici.

Nelle ricette per la preparazione dei colori ricorre più volte il termine "pandius" che nel Medioevo si usò per indicare varie mescolanze di colori di differente composizione; esso compare in varie ricette per la tintura di pergamene; nella prima ricetta "la pelle, trattata prima con allume e poi con "vitriolum", si tinge con "bermiculum"(kermes); nella seconda, dopo aver mordenzato con vetriolo, si tinge con succo di reseda (jotta luze); nella terza, più complessa, si tinge con "melinum" (una creta bianca, proveniente dall'isola di Melo nelle Cicladi) poi con "concius" (tannino), polvere di corallo rosso, lacca (probabilmente di kermes), "calciatarin" (solfato di rame), "galla" (galle di quercia, contenenti sostanze tanniche), il tutto rimescolato in urina. Nella quarta ricetta compare la robbia, cotta in urina e trattata poi con allume, ottenendo così la lacca di robbia. Si faceva poi la tintura con reseda mescolata con "lulacin"(probabilmente indaco). Ancora nelle "Compositiones" si descrive un "picmentum pandium", detto "pandius porfirus", composto di "decotio conquilii" (porpora), "cinnabarin" (cinabro), "siricum" (probabilmente minio di piombo); il tutto macinato, impastato con urina e seccato al sole. Dalla maggior parte di queste composizioni si ottenevano pigmenti di colore variante dal rosso mattone al bruno rossastro ; nei casi in cui nelle miscele entravano in prevalenza dei colori azzurri si ottenevano pigmenti di tono celeste o verdi. (12)

Alla fine del IX o agli inizi del X secolo appartiene il trattato "Mappae clavicula", ovvero "Chiave della pittura" che, in parte, riprende le ricette del manoscritto lucchese, comprese quelle relative alla tintura. Il trattato è diviso in due parti di cui la più consistente comprende 294 precetti di chimica applicata e tecnica artistica con un centinaio di ricette per la preparazione dei colori.

Il " De coloribus et artibus Romanorum", redatto in Italia nel X secolo, è un trattato di notevole interesse per la conoscenza dei colori usati in pittura e miniatura; sia questo che il precedente trattato non sono opere di un unico autore, ma sono probabilmente frutto dell'unione di testi derivati da diverse fonti e rivelano la tendenza alla conservazione diretta e tradizionale dei procedimenti attraverso la ripresa, pressoché inalterata nella maggior parte delle prescrizioni, dei materiali e dei procedimenti della tradizione antica alla quale si aggiungono i contributi di nuove fonti, incluse quelle di origine islamica. Il "De coloribus" ebbe grande fortuna durante tutto il Medioevo; lo si può considerare infatti come un perfetto e dettagliato manuale soprattutto per decoratori ed amanuensi il cui lavoro non si limitava alla sola realizzazione dell'opera artistica, ma includeva anche la preparazione di tutto ciò che era necessario all'esecuzione: dai colori ai pennelli, agli inchiostri, alle colle. All'epoca in cui fu redatto il trattato, in piena età carolingia, vi fu un rinnovarsi dei contatti con la cultura bizantina ed una conseguente raffinata produzione nell'ambito della miniatura per opera soprattutto dei monaci dei grandi monasteri, addetti ad ornare ed illustrare i libri religiosi, affiancati anche da artisti laici che contribuiranno anche alla creazione di preziosi codici per la corte palatina. "L'ampliarsi della tavolozza, un impasto più complesso dei colori, l'esercizio dello sfumato ed un impiego sempre più frequente di succhi coloranti vegetali per raggiungere le delicatezze e le trasparenze tipiche della miniatura, sono i frutti delle grandi scuole di Tours, di Chartres, di Reichenau, di San Gallo, di Montecassino, di Bologna e d'altre ancora." (13)

Il "De coloribus" presenta già una gamma piuttosto vasta di ricette per fare colori con succhi vegetali e sia nel "Mappae clavicula" che nel "De coloribus" si consigliano nuove miscele per i colori di fondo: compare così il "vergaut", una miscela di colori diversi che davano un verde piuttosto pallido; si otteneva mescolando orpimento e azzurro minerale, oppure orpimento e indaco, oppure ocra gialla e indaco, o anche da verderame e indaco; compare l'azzurro di lapislazzuli, detto lazur ; sangue di drago ed orpimento si miscelavano per ottenere un tono aranciato; compare il "folium", un succo vegetale di colore variante dal rosso-bruno (folium rubeum) al rosso violaceo (folium purpureum) e al viola-bluastro (folium saphireum), ricavato dai frutti della *Chrozophora tinctoria* o *Croton tinctorium* L., un'euforbiacea originaria dell'Oriente nota anche come Eliotropio minore, che sarà ampiamente usata sia in tintura che in miniatura.

Nel "De coloribus" fa la sua comparsa anche un colore rosso molto usato nel Medioevo, estratto dal legno di varie specie di leguminose esotiche. Prima dell'importazione massiccia dalle Americhe, in Europa arrivava dall'Oriente il legno della (*Caesalpinia Sappan*); fu introdotto in Occidente dai Veneziani grazie ai loro commerci con l'Oriente; il suo colore rosso vivo, colore della brace, gli valse una serie di denominazioni derivate sia dall'arabo "wars" che dal francese "braise" (14) : nel Milione di Marco Polo lo si trova citato come "berci", da cui derivano poi " verci", "verzino"; in testi successivi lo ritroviamo come "brexilium", brasilium"," brezil" e, attualmente, come "legno rosso" o "legno brasile" ; è dal termine " brezil"che derivò il nome "Brasile", terra battezzata in tal modo poiché in quell'area v'era un'abbondanza incredibile di altre nuove specie di Caesalpinia . La specie orientale fu largamente impiegata in Europa sin dal primo Medioevo non solo in tintura, ma anche nella preparazione di lacche alluminate rosse per la pittura e la miniatura; il legno contiene un glucoside che decomponendosi dà luogo alla sostanza oggi definita "brasilina"; questa, per azione dell'aria o di ossidanti, si trasforma facilmente in colorante rosso, solubile in acqua; quando viene trattato con allume precipita sotto forma di lacca rossa insolubile, adatta ad essere impiegata in pittura e in miniatura.

(15) Da un altro trattato di poco posteriore, quello del monaco francese Pietro di S. Omer, ecco la ricetta per la preparazione della lacca:

"Prendi della limatura o raspatura di legno brasile e mettila sul fuoco a bollire con vino rosso in un recipiente pulito. Poi, stemperata la lacca con urina, ponila con essa a bollire e, ciò fatto, scola e spremi. Poi prendi dell'allume e mescola con quelle sostanze in un recipiente resistente al fuoco e agita per qualche tempo.

Allora togli dal fuoco e versa in una scodella. Poi sfrega energicamente sulla pietra, raccogli e fa seccare al sole. Quindi riponi a conservare in una cassetta o in un vaso."(16)

L'atteggiamento che accomuna questi trattati è quello della segretezza; essi si presentano come "chiavi" per accedere ad antichi segreti , con chiare ammonizioni a non lasciare che questo arcano sapere cada in mani volgari; così l'autore del Mappae clavicula giura che non svelerà le sue conoscenze ad alcun altro che al proprio figlio. (17)

Ben diverso è invece l'atteggiamento dell'autore della "Schedula diversarum artium", scritta verso la fine del X secolo dal monaco Theophilo: "Il libro di Teofilo si distingue per la sua chiarezza e la sua immediatezza insolite. Non è una collezione casuale di frammenti di libri antichi, ma presenta sistematicamente le tecniche messe in opera dall'artista. In effetti, a differenza degli autori della maggior parte delle raccolte delle ricette, Teofilo era egli stesso un artista di professione: le sue formule portano il segno dell'esperienza, e non vi è richiesta di segretezza, ma al contrario un invito alla disponibilità:< Che [l'artigiano] non nasconda i suoi doni nella sacca dell'invidia o li celi nel magazzino di un cuore egoista, ma…che li dispensi semplicemente e gioiosamente a coloro che cercano>." (18)

Theophilo peregrinò in varie regioni d'Europa e nella sua opera raccolse le nozioni di varie scuole tedesche di miniatura: lo Scriptorium di Reichenau, la scuola di Regensburg, di Colonia e Salisburgo. Anche nella "Schedula" tuttavia ritornano, pressoché immutate dalla tradizione alessandrina, alcune tecniche di preparazione di varie sostanze; è il caso, ad esempio, di varie ricette che insegnano il modo di scrivere in oro che sono passate inalterate dal papiro di Leida alle "Compositiones" e successivamente alla "Schedula". Permangono anche in Theofilo evidenti influenze alchemiche; in alcune ricette per pigmenti, infatti, si espongono concetti che appartengono decisamente alla sfera del magico; in effetti le teorie degli alchimisti e la fabbricazione di pigmenti non si intrecciano solo nelle opere fin qui citate, ma anche in molte opere più tarde perdurando fino al XVII secolo e oltre. Per Teofilo i colori hanno valore in base alla preziosità intrinseca delle materie prime dalle quali vengono ricavati, i pigmenti vengono apprezzati in quanto tali e i materiali sono considerati un mezzo di valorizzazione religiosa dell'opera.

" Per Teofilo l'arte era un'attività devota, il cui scopo era glorificare Dio; in questo senso egli esemplifica il pittore del XII secolo: un monaco il cui lavoro è unicamente religioso e che è esperto in una varietà di arti e mestieri, comprese la miniatura di codici e la fabbricazione di oggetti in metallo. Tutte, inclusa la pittura, venivano praticate in modo anonimo: occasione di meditazione pia piuttosto che di esibizione personale. All'inizio del Medioevo anche le opere dei laici sono in genere prive di firma e il corpus più ampio di arte religiosa in quest'epoca consiste di codici miniati, frutto del lavoro diligente e spesso splendido di innumerevoli monaci senza nome.

"Nel libro di Teofilo si dice poco sul disegno e la composizione. L'attenzione è tutta concentrata sulle tecniche e sui materiali e ciò rafforza l'impressione che gran parte della pittura monastica seguisse una formula; il monaco non aveva bisogno di linee guida su come comporre una scena: si limitava a copiarne un'altra. La scelta di stile e materiali rispecchiava una visione del mondo in cui icone e immagini non sono semplicemente simboli di devozione, ma sono investite del potere di influenzare la vita quotidiana... Era fortemente radicata la convinzione che un'immagine o un dipinto ben eseguiti possedessero una reale efficacia religiosa. L'uso da parte degli artisti di materiali preziosi come l'oro e l'oltremare non indica soltanto un desiderio di manifestare la propria devozione senza badare a spese, ma rivela la speranza che il potere soprannaturale dell'opera ne sia esaltato"(19)

Da ciò si comprende perché l'oro avesse tanta parte nei dipinti medievali, in particolare nelle pale d'altare: "...l'oro possiede antiche associazioni che rendono il suo valore trascendentale. L'oro è la sostanza della regalità, quindi offrirlo a Dio era il modo migliore per dimostrare, nell'arte sacra, la propria devozione. Inoltre, a differenza dell'argento e di altri metalli, sembrava immune al passare del tempo: non si ossidava e non perdeva il suo splendore.

"L'uso dell'oro nell'arte medievale mostra inequivocabilmente come la natura dei materiali avesse la precedenza su qualsiasi preoccupazione di realismo. Almeno fino al XIV secolo le figure sacre sulle pale d'altare non sono incorniciate dai cieli o dal fogliame della natura, né da drappeggi o architetture, ma da un campo d'oro che non consente né profondità né ombreggiature.

"Nelle epoche successive questo splendore metallico fu confinato alla cornice dorata che racchiudeva la tela, ma per l'artista medievale l'oro era un "colore" a pieno titolo."(20)

I Codici Purpurei

Oro e porpora, il prezioso colorante estratto dai murici, furono i materiali più importanti nella decorazione e tintura delle pergamene per la creazione dei Codici purpurei. L'origine della pergamena come supporto per la scrittura pare risalga al III secolo a.C. e il suo nome deriverebbe dalla città di Pergamo uno dei più importanti centri della cultura ellenistica; l'uso di scrivere su pergamena si diffuse poi in tutto l'Impero Romano e, con il Cristianesimo, nell'Europa nord-occidentale. All'inizio i fogli erano di forma rettangolare, cuciti di seguito l'uno all'altro così da formare lunghi rotoli; nel II secolo d.C. si cominciò a rilegare la pergamena in forma di libro.

La pergamena si otteneva dalla pelle di vari animali, vitelli, capre, agnelli e veniva sottoposta a vari trattamenti per la preparazione all'uso: veniva posta in un bagno di acqua di calce per svariati giorni, poi lavata e depilata, e quindi rimessa in un nuovo bagno di calce fresca. Una volta risciacquata, veniva stesa su un telaio e asciugata all'aria per accrescerne la tensione; poi veniva ribagnata ed asciugata e tale operazione era ripetuta sino a quando la sua superficie si presentava piuttosto liscia, raschiandola ogni volta per rendere la superficie uniforme e per assottigliarla; veniva poi smerigliata, generalmente con polvere di pomice e infine inumidita e posta ad asciugare in tensione un'ultima volta prima di essere tagliata in fogli. La pergamena più fine e delicata, il cosiddetto "velino", si otteneva dalla pelle di agnelli, capretti o vitelli nati morti, mentre la "cartapecora" era la pergamena comune ricavata da pelle di pecora o capra. Per poter applicare più facilmente inchiostri e colori, la superficie della pergamena, che manteneva una sua naturale untuosità, veniva apprettata con polvere di creta bianca mescolata a gomma arabica. La pergamena destinata ai codici purpurei non poteva essere dipinta con la porpora bensì tinta in un bagno di colore così come si faceva per i tessuti; poi si procedeva alla scrittura eseguita con preziosi inchiostri aurei o argentei, procedimento chiamato "crisografia"(dal gr. crysòs=oro) o "argirografia"(dal gr. argyros=argento); l'abitudine di creare questi manoscritti preziosi si diffuse soprattutto col Cristianesimo che per quanto ritenesse sconveniente l'uso di materiali pregiati per le vesti considerava invece un segno di massima devozione farne uso per i testi sacri ove la porpora simboleggiava sia il sangue versato da Cristo sia la Chiesa trionfante e l'oro era simbolo della luce divina: l'antica simbologia pagana era ripresa dallo stesso Cristianesimo e Porpora e Oro diventavano espressione della sovranità celeste e dell'autorità terrena.

I più antichi codici purpurei a noi giunti risalgono alla fine del IV o all'inizio del V secolo d.C., ma pare che il velino tinto in porpora fosse già in uso prima del III secolo e autori latini e greci del I e II secolo d.C. fanno riferimento a libri impreziositi da una guaina color porpora e sappiamo anche che all'imperatore Costantino fu regalata una raccolta di carmi figurati su pagine purpuree.

Alcuni dei testi sacri più antichi e sontuosamente illustrati a noi giunti furono prodotti in area orientale: il più antico è il Codex Argenteus risalente al IV secolo e contenente la traduzione gotica della Bibbia del vescovo Ulfila; il colore di questo codice è rosso vivo, tratto probabilmente dalla *Purpura haemastoma*, e la scrittura è in caratteri d'argento con iniziali d'oro; il manoscritto detto Genesi di Vienna fu creato probabilmente ad Antiochia nel V secolo; i Vangeli di Rossano, codice composto da 188 fogli in porpora violacea, con scrittura in oro e argento e preziose miniature, proviene dall'area siriaco-palestinese. A Bisanzio, che associava la porpora alla sacralità imperiale, si produssero libri purpurei fino al IX secolo; di questo periodo ci è giunto un foglio dal Vangelo di Marco di colore blu-violetto ed un Evangeliario purpureo che è ritenuto il libro di devozioni dell'imperatore Basilio I. (21)

Ma per chi venivano create queste opere d'arte? I maggiori committenti erano le più alte autorità ecclesiastiche e i sovrani che commissionavano libri purpurei per sé e i membri della propria corte o per farne prezioso dono ad altri sovrani o a papi. La cultura carolingia in particolare, con il riavvicinamento alle forme bizantine e classiche, mostrò predilezione per i codici purpurei e il valore simbolico di sacralità che essi possedevano; tra i manoscritti preziosi prodotti in epoca carolingia sono fortunatamente numerosi quelli conservatisi; tra i più famosi ricordiamo la Bibbia di Carlo il Calvo, i vangeli dell'Incoronazione, l'evangeliario di Lorsch, l'Evangeliario di Ottone III. Una bibbia monumentale fu creata in Spagna nel IX secolo per Alfonso II, re di Asturie e Leòn; qui i fogli sono tinti in tutte le tonalità della porpora con ricchissime decorazioni. Un esempio stupendo di pergamena policroma è il Rotolo di Salerno contenente la Liturgia di San Giovanni Crisostomo prodotto in Italia meridionale verso la fine dell'XI o gli inizi del XII secolo: i fogli sono tinti in rosso scarlatto, viola purpureo e blu turchese. Ci sono giunti anche documenti in pergamena purpurea scritti con inchiostri aurei; si tratta sempre di documenti che dovevano trasmettere solennità e regalità e sono sempre inviati da autorità imperiali; ne sono un esempio l'Ottonianum e il diploma nuziale della principessa Teofane andata in sposa ad Ottone II; a Bisanzio le lettere inviate dall'imperatore a papi o sovrani erano di regola purpuree; ed è proprio l'arte di Bisanzio che influenzerà lo stile della corte ottoniana: l'influenza bizantina è evidente negli sfondi dorati e nelle dimensioni delle figure più importanti che vengono ritratte sempre con dimensioni molto più grandi dei personaggi circostanti ed è una caratteristica, questa, che perdurerà a lungo nell'arte, sino alla fine del Trecento. Arricchire di metalli preziosi le pitture fu comune in Oriente fin dalla più remota antichità; l'uso si trasmise a Greci e Romani e presso i Bizantini divenne una pratica costante per impreziosire i fogli di pergamena sia con ampi fondi aurei oppure coprendo d'oro solo qualche parte delle figure. A volte al posto dei metalli veri si usavano imitazioni a base di litargirio dorato o di orpimento diluito in gomma arabica. Una ricetta del Papiro di Leida insegna come preparare la scrittura in oro, ovvero macinando finemente una sottile lamina d'oro e creando un amalgama con mercurio da usarsi come i comuni inchiostri. Nei ricettari posteriori alla stessa amalgama di polvere d'oro e mercurio si aggiunge gomma arabica e si raccomanda di intingere il pennello in allume liquido. I decoratori occidentali posero maggior attenzione nell'uso di colle e mordenti per fissare l'oro; le pergamene usate in occidente erano solitamente più ruvide di quelle usate dai Bizantini e richiedevano di conseguenza l'applicazione di mordenti più tenaci affinché le decorazioni in foglia d'oro aderissero stabilmente; nei codici bizantini, invece, ove la pergamena era assai più liscia e non si usavano adesivi forti, la doratura ha finito in molti casi per sollevarsi. L'adesivo più comunemente usato in occidente era l'albume d'uovo ben sbattuto e steso sulla pergamena sulla quale venivano poi stese le foglie d'oro o d'argento; una volta asciutte si brunivano; si potevano sovrapporre più foglie per dare consistenza e creare l'effetto rilievo. Il più importante surrogato dell'oro era l'Oro musivo, un bisolfuro di stagno, in lamelle gialle di splendore metallico-aureo; era chiamato "musivo "perché serviva a dorare le tessere dei mosaici; la sua stabilità tuttavia era piuttosto scarsa ed il suo uso rimase alquanto limitato. Come l'oro anche l'argento veniva imitato in questo caso usando una foglia di stagno che veniva poi brunita e verniciata con olio di lino per proteggere il metallo dall'ossidazione; si usava anche un amalgama di stagno e mercurio e gomma arabica.

Con l'andare del tempo la porpora divenne sempre più rara e costosa- si ritiene che intorno al Trecento fosse pressoché estinta nel Mediterraneo -; in tintura come nei codici fu sostituita da altre materie coloranti; tra queste il folium fu certamente la più usata su pergamena. Il folium si ricava dalla *Crozophora tinctoria*, un'euforbiacea d'origine orientale importata in Nord-Africa e adattatasi molto bene in alcune aree italiane; il colore del succo, estratto dai frutti e da altre parti della pianta, variava dal rosso-bruno al rosso-violaceo e al viola-bluastro; un altro frequente sostituto della porpora era il decotto di Oricello che si estraeva da un lichene, la *Rocella tinctoria*, presente in molte isole del Mediterraneo e la cui sostanza colorante si estraeva facendo fermentare le raschiature di lichene in urina fermentata. Tanto il folium quanto l'oricello, essendo coloranti vegetali, avevano scarsa resistenza alla luce e risultavano quindi molto scadenti in confronto alla tintura con la porpora che era inalterabile nel tempo; tuttavia le coloriture delle pagine dei libri potevano conservarsi a lungo, per quanto di mediocre qualità, poiché restavano chiuse e protette nel volume e non erano mai soggette a prolungate esposizioni alla luce. (22)

Manoscritti miniati

Se inizialmente la preziosità dei codici era costituita dalle pagine tinte in porpora e dalle scritture in oro e argento, in seguito fu sostituita dalle decorazioni e dalle illustrazioni dei miniatori che crearono opere di incredibile raffinatezza e valore artistico; tra i manoscritti miniati, accanto ai testi sacri e ai corali, compaiono i Salteri e i Libri d'ore, testi di preghiera ad uso dei laici, le cronache e le storie antiche, con una particolare predilezione per le leggende di Troia e di Alessandro Magno, i Bestiari, con descrizioni e racconti di animali e di creature immaginarie e densi di significati simbolici; molto popolari nel XII e XIII secolo, i Bestiari furono i primi testi ad essere scritti in volgare; gli erbari, dapprima riservati ai medici e con poche illustrazioni, si rivolsero in seguito ad un pubblico prevalentemente laico e si arricchirono in modo stupefacente di preziose illustrazioni, preziose non solo per il loro valore artistico, ma anche perché divennero una delle più importanti testimonianze dei vari aspetti della vita quotidiana del tempo. Nel XII secolo appaiono le prime copie di romanzi cavallereschi, destinati a diventare i testi profani più famosi del Medioevo e che offrivano al miniaturista la possibilità di esprimere il proprio talento in una varietà infinita di soggetti; verso la fine del XIV secolo si iniziano a copiare e miniare i capolavori della letteratura medievale contemporanea, Dante, Petrarca, Boccaccio, Chauser. I manoscritti miniati più preziosi diventarono oggetto di un vero e proprio collezionismo da parte dei grandi mecenati; nel XIII e XIV secolo la corte di Borgogna e le Fiandre divennero fulcro della produzione dei manoscritti più famosi del periodo; il duca di Berry, fratello di re Carlo V di Francia, possedeva una splendida biblioteca con oltre trecento manoscritti; tra questi uno dei quindici Libri d'ore della sua collezione è il più prezioso esempio del genere a noi giunto; in Italia nel XV secolo Federico da Montefeltro aveva la più grande e prestigiosa collezione di libri del suo tempo e alla sua corte lavoravano dai trenta ai quaranta copisti; non meno prestigiosa era la corte estense dove Taddeo Crivelli ed altri artisti illustrarono quello che è considerato tra i più preziosi manoscritti miniati di ogni tempo, la Bibbia di Borso d'Este; altri famosi pittori quali ad esempio Simone Martini, il Beato Angelico, Jan van Eyck si dedicarono anche alla miniatura di manoscritti.

Il completamento di un manoscritto importante richiedeva un certo numero di anni; sappiamo ad esempio che per copiare e miniare la Bibbia di Winchester furono impiegati quindici anni, senza che l'opera venisse totalmente completata; per la Bibbia di Borso d'Este ci vollero dieci anni e per il più famoso Libro d'ore del duca di Berry, completato in due tempi da diversi artisti, occorsero sessanta anni.(23)

Grazie ad un'unica opera pervenutaci sappiamo esattamente quali erano i pigmenti usati dai miniaturisti.

I colori nel "De Arte Illuminandi "

Nel primo Medioevo l'arte ha un carattere preminentemente religioso e gli artisti sono soprattutto religiosi che operano nell'anonimato all'interno dei grandi monasteri, spesso affiancati anche da artisti laici; ma a partire dal XII secolo l'arte comincia a trasferirsi gradualmente dai monasteri alle città; una delle conseguenze della progressiva laicizzazione dell'arte è una sempre più alta e crescente specializzazione tra gli artisti; si formano così le prime organizzazioni corporative d'arti e mestieri a salvaguardia del lavoro degli artigiani dalla concorrenza e dall'incertezza economica ma si stabiliscono anche rigide regole e distinzioni nell'esercizio della professione: un pittore non poteva eseguire il lavoro di pertinenza del miniaturista e viceversa; lo statuto della corporazione stabilisce anche quali materiali si devono o non si devono usare e per quali scopi; ad esempio, l'uso dei pigmenti più pregiati era consentito solo per soggetti importanti; si diventava membro di una corporazione dopo anni di apprendistato in una bottega e si otteneva la qualifica di "maestro", autorizzato ad accettare commissioni, dopo aver presentato alla corporazione una propria opera quale saggio della abilità raggiunta; essere pittore dunque significava appartenere ad una corporazione ben definita ed esercitare una professione dietro compenso; questi mutamenti si colgono bene anche attraverso la trattatistica che si specializza a sua volta. Il "De Arte illuminandi" é l'unico trattato medievale a noi giunto nel quale si tratti esclusivamente di miniatura. Il manoscritto, redatto da un autore anonimo in ambito italiano, risale alla fine del XIV secolo e fu scoperto nel 1872 nella Biblioteca Nazionale di Napoli. Questo testo illustra in modo esaustivo tutte le fasi del lavoro del miniatore, gli attrezzi usati, i materiali per i colori ed il modo di prepararli, di usarli, le tecniche pittoriche.

Come era già emerso in parte dai precedenti trattati, il numero di materie prime da cui si estraevano le sostanze coloranti in comune con l'arte tintoria risulta qui ancora più rilevante; i colori di origine vegetale avevano in pittura una scarsa resistenza per la più diretta esposizione agli effetti di luce ed aria; nella miniatura invece l'azione degli agenti atmosferici è estremamente limitata e i colori, anche se di natura organica, si sono potuti mantenere inalterati per secoli.

La stanza ove il miniaturista procedeva al suo lavoro doveva essere molto simile ad un laboratorio d'alchimista; prima che la fioritura dei commerci rendesse possibile un più rapido acquisto e reperimento delle materie prime, il miniaturista doveva attrezzare la propria stanza di lavoro con una serie di prodotti atti a compiere ogni sorta d'operazioni ausiliarie alla realizzazione dell'opera artistica quali la preparazione delle colle, dei colori, dei fissanti, la battitura dei fogli metallici per l'argentatura e la doratura, nonché la costruzione degli strumenti per il disegno, la pittura, la lucidatura: la penna d'oca per scrivere e disegnare contorni, lo stilo di piombo per l'abbozzo del disegno, i pennelli, di varia grandezza, fatti con peli di coda di scoiattolo; mortai e pestelli erano di marmo per la macinazione dei colori minerali o di bronzo per le pietre più dure come lapislazzuli e diaspro o d'oro per i metalli preziosi. V'era poi una vasta serie di contenitori d'ogni tipo e materiale per la conservazione e la depurazione delle varie sostanze, quali ampolle, alambicchi e filtri, e poi corni di bue, sacchetti di cuoio, gusci di conchiglie o di tartaruga per conservare i colori, i brunitoi per lucidare le dorature ed anche per rendere lisci i fogli di pergamena, un gran numero di "pezzuole" per preparare colori ad acquerello; la miniatura è infatti una pittura all'acqua e le pezzuole colorate costituivano i tipici colori ad acquerello dei miniatori; le pezzuole erano piccoli pezzi di tessuto di lino candido, imbevute di materie coloranti organiche; per miniare o per dipingere –anche i pittori se ne servivano – si bagnava il pennello,poi lo si passava sulla pezzuola colorata, la quale cedeva una parte del colorante di cui era impregnata; nella rubrica IX del "De arte Illuminandi" viene descritto il metodo per preparare tali pezzuole: le pezze di lino venivano bagnante una o due volte in acqua di calce, ottenuta spegnendo la calce viva in acqua, lavate poi in acqua limpida e fatte asciugare. Una volta ben asciutte si immergevano nell'estratto colorante, inzuppandole a fondo, e lasciandole immerse nel colorante per un giorno, dopo di che si stendevano in graticci posti su un letto di terra inzuppata di orina invecchiata e vi venivano lasciate per tre o quattro giorni o fino a quando si erano completamente disseccate; i vapori ammoniacali, che esalano dall'urina esposta per un certo tempo all'aria, creavano un ambiente alcalino che agiva come fissante sul colore.   Per conservarle fino al momento dell'uso le pezzuole erano poste tra le pagine di libri o in vasi di vetro ben sigillati messi dentro calce viva al riparo dall'umidità.

Gomma arabica e albume d'uovo erano i leganti più usati; abbastanza frequente era l'uso della colla di pesce; la chiara d'uovo era anche usata per la verniciatura finale delle pergamene dipinte per conferire una delicata lucentezza superficiale ai colori; per un impasto di colore brillante si usava una mescolanza di gomma arabica, albume e un po' di miele. Altri tipi di colle erano usate per scopi diversi quali l'apprettatura delle pergamene prima di eseguirvi le pitture o per le miscele adesive per le dorature; per conservare a lungo le soluzioni di gomme, colle e albume si usava aggiungere una piccola dose di antisettico, in genere canfora, chiodi di garofano o realgar (quest'ultimo ha un effettivo potere di impedire la putrefazione degli albuminoidi).

Urina fermentata e liscivie erano i prodotti alcalinizzanti più usati per l'estrazione dei principi coloranti organici ricavati da fiori, legni e radici di piante sia indigene che esotiche.

Per ottenere i gialli l'autore del "De Arte" cita l'oro fino, la terra gialla (ocra gialla), lo zafferano, l'orpimento, la radice di curcuma e l' "erba dei tintori", uno dei termini con i quali la *Reseda luteola* viene chiamata nei vari trattati. Lo zafferano fu intensamente coltivato in Italia centrale e già nel XIII secolo costituiva un prodotto di esportazione soprattutto verso la Germania e lo si ritrova per questo citato nei ricettari di tintura sia italiani che tedeschi; il colore per miniare si estraeva dagli stigmi dell'infiorescenza che, immersi in acqua alcalinizzata, rilasciavano un bel colore brillante giallo aranciato; usato in miniatura anche per ravvivare le dorature, non trovò largo impiego in pittura per la sua scarsa persistenza alla luce. Dalla Reseda si ricavava una bella lacca gialla facendone precipitare l'estratto con allume di rocca e incorporandovi polveri bianche come la biacca o la polvere di marmo. Per il verde si usavano la terra verde o miscele di orpimento e indaco; un verde purissimo si otteneva dai gigli azzurrini (*Iris germanica*): eccone la ricetta nella traduzione di Franco Brunello: " prendi di questi fiori freschi, di primavera, quando fioriscono; pestali in un mortaio di marmo o di rame, e spremine con una pezza il succo dentro una scodella invetriata, immergendo nel detto succo altre pezze pulite, di lino, bagnate una o due volte in acqua di allume di rocca e poi disseccate. Quando le pezze siffatte saranno bene imbevute del succo, lasciale seccare all'ombra e riponile tra i fogli dei libri...E osserva che se le pezze, seccate che siano, si immergeranno nuovamente nel detto succo e si faranno riasciugare, saranno di tanto migliori."(24)

L 'autore del trattato cita anche i "prugnameroli", frutti di una pianta che potrebbe essere il *Rhamnus catharticus* L., detto volgarmente Spincervino, un arbusto della famiglia delle Ramnacee, spontaneo in quasi tutta l'Europa; i frutti, detti anche "grani gialli" o "grani d'Avignone", sono costituiti da una drupa nera fortemente purgativa; furono molto usati per tingere in giallo verdastro; in miniatura si usava una lacca alluminata ricavata dal succo di tali frutti per ottenere toni verdi.

Cinabro e minio, per la prima volta distinti chiaramente, per i rossi. Un colore rosaceo, detto rosetta, si otteneva dall'estratto di legno brasile; la rosetta per miniare era di due tipi, un tipo denso e coprente usato per gli ornamenti, i corpi delle lettere, le stoffe e i campi in generale, e un tipo fluido e trasparente che serviva a ripassare le ombre o a fare velature. Riportiamo qui la ricetta del primo tipo di rosetta, alla rubrica XI del "De Arte", anche a dimostrazione di quale laborioso e lungo lavoro fosse per lo più necessario per la preparazione dei colori a quell'epoca:

"La rosetta densa si fa così: prendi dell'ottimo legno brasile la cui caratteristica è che, messo in bocca, sia dolce quando si mastica e diventi di color rosaceo; raschia di detto legno, con il coltello o col vetro, la quantità che vorrai e mettila nella lisciva fatta di legna di vite o di quercia. Se la lisciva è vecchia, è meglio. Poni tutto ciò in un vaso invetriato resistente al fuoco, e la lisciva stia sopra il legno brasile, di guisa che quanto vi è in esso di solubile possa interamente sciogliersi nella detta lisciva, nella quale lascialo stare per una notte o un giorno affinché si rammollisca; metti poi sul fuoco, riscalda fino all'ebollizione ma senza che abbia a bollire, e muovi spesso con bastoncello. Dopo ciò ricorda quanto fu il brasile raschiato e prendi altrettanto ottimo marmo bianco polverizzato e reso quasi impalpabile sopra porfido, o raschiato col coltello, e tanto allume zuccherino (16) o allume di rocca quanto pure é il brasile; poi macinali bene insieme, introducili a poco a poco nel vaso mescolando continuamente col bastoncello finché la sostanza non schiumeggi più e prenda bella tinta; poi si coli con una pezza pulita di lino o di canapa entro una scodella invetriata o no. E nota che alcuni dicono doversi colare, quando la liscivia abbi bella tinta, con un pannolino in un vaso invetriato e, quando sia intiepidita, vi mettono dell'allume o del marmo; allora si colorirà immediatamente, e tu toglierai cautamente l'acqua chiara che sta alla superficie; e ciò è meglio. Ma la liscivia dev'essere vecchia di quindici giorni innanzi, o fatta d'acqua piovana invecchiata in qualche vaso di pietra o concavità d'albero, come si rinviene spesso, perché tale acqua è assai acconcia e produce un colore più bello; altri stimano meglio che la liscivia si tolga dalla scodella; altri, che la pongono in vaso invetriato, ve la lasciano depositare e in seguito, a poco a poco e delicatamente, estraggono la liscivia e lasciano seccare la sostanza. Così pure alcuni scavano un mattone di terracotta e in quella cavità mettono a seccare la materia. E quando vuoi che questa duri a lungo, macinala con acqua gommata, lasciala seccare e riponila a parte in pezzi. Chi voglia farne di migliore, quando pone nella liscivia il legno brasile, vi unisca, più o meno a seconda del peso del brasile stesso, un'ottava o una sesta parte di grana dei tintori (= kermes), se può disporne, poiché mantiene più stabilmente il colore e riesce più bella; e proceda come sopra…..Parimenti sarà ottima cosa se nel detto brasile disciolto entro la liscivia, come sopra, porrai, per darvi consistenza, dei gusci d'uovo lasciati per una notte in aceto forte; poi al mattino, detrattene le pellicole, lavatili in acqua limpida e macinatili sul porfido, in modo da renderli impalpabili, mettili con allume, nella mistura predetta; metti ogni cosa in un filtro di pannolino e nuovamente per due o tre volte rimetti nel filtro stesso ciò che ne cola, finché rimarrà in esso tutta la sostanza buona. Lascia seccare all'aria, nel filtro, fuori dai raggi solari, e riponi a parte e fa come sopra. Sarà cosa ottima." (25)

Per il nero si usavano nerofumo e carboni vegetali, per il bianco la cerussa o biacca.

La *Chrozophora tinctoria*, dai cui frutti si ricavava il succo detto "folium", già descritto in questo capitolo, viene citata come erba "torna-ad-solem" termine che corrisponde al francese "tournesol en drapeau"; uno dei nomi con i quali oggi viene indicata la Chrozophora è Tornasole; ciò ha contribuito a creare confusione con un altro tipo di vegetale colorante chiamato a sua volta Tornasole oppure Laccamuffa estratto da varie specie di licheni, tra i quali anche la *Rocella tinctoria*, sfruttati come indicatori di reazione nelle analisi chimiche. Le pezzuole dei miniatori imbevute del succo di Chrozophora ed esposte a vapori ammoniacali assumevano un colore rosso vinoso e servirono anche per la preparazione di cosmetici e per la tintura di fibre tessili, inclusa la seta. Per ottenere l'azzurro si consiglia la già nota miscela di indaco e cerussa o l'azzurro d'Alemagna o l'oltremare. L'azzurro d'Alemagna è ciò che i classici chiamavano "caeruleum cyprium" ovvero l'azzurrite, un carbonato basico di rame; alcuni giacimenti si trovavano anche nel territorio di Siena, ma la maggior quantità proveniva da quelli della Germania e per questo nei trattati medievali e posteriori lo troviamo sotto il nome che ne ricorda la provenienza, spesso modificato in "azzurro della Magna"; a volte viene citato come "azzurro citramarino" in opposizione all'"azzurro oltremarino" che veniva da terre d'oltremare. Il minerale veniva macinato sulla pietra con acqua di gomma densa, poi lavato con acqua, filtrato per depurarlo dalle impurità e fatto seccare in attesa dell'uso; nel "De Arte" si consiglia di stemperarlo con gomma arabica e qualche goccia di albume.

L'azzurro oltremare veniva considerato "il migliore di tutti"; questo colore è una delle grandi conquiste del Medioevo nella messa a punto di nuovi pigmenti; il minerale blu dal quale si ricavava era il lapislazzuli, il caeruleum shythicum dei classici; nell'antichità tuttavia non si conosceva ancora un sistema per depurarlo da quelle impurità che sovente conferivano un tono grigiastro al colore; nel Medioevo, tra il XII e il XIII secolo, fu scoperto un sistema di estrazione del colore che permetteva di liberarlo da ogni impurità residua ed ottenere un colore blu intenso purissimo e splendido. Si calcola che fossero necessari circa 100 kg di minerale per ottenere da 2 a 3 chili di pigmento; dopo avere macinato il lapislazzuli, la polvere veniva impastata con cere, oli e resine sino a formare una pasta malleabile; la pasta era avvolta in un telo ed immersa in un recipiente contenente liscivie di ceneri molto diluite e lavorata con le mani finché le particelle fini del minerale blu, la lazulite, si diffondevano nel liquido depositandosi poi nel fondo; si gettavano quindi le liscivie e si raccoglieva il pigmento depositato e lo si poneva a seccare; le impurità, calcite, sodalite, pirite, restavano invece inglobate nella massa cerosa. Quest'operazione era ripetuta più volte; il colore liberato nella prima fase di depurazione era il migliore in quanto formato dalle particelle più grandi, cioè quelle dal colore più intenso e luminoso; le successive estrazioni rilasciavano un pigmento di colorazione meno intensa e quindi di qualità più scadente; nell'ultima fase si otteneva un colore tendente al grigio che veniva chiamato "cenere d'oltremare", usato in pittura soprattutto per creare velature a olio trasparenti, d'un azzurro pallido; in pittura si fece uso di tutte le qualità di oltremare con prezzi che variavano notevolmente da quella più alta a quella più scadente. Nonostante il costo elevatissimo, i miniatori fecero sempre grandissimo uso del miglior oltremare grazie al fatto che necessitavano di quantitativi minimi; in pittura invece si cercò di riservarne l'uso per opere di particolare importanza, destinando il prezioso colore al personaggio centrale del dipinto o quando se ne voleva sottolineare il grado superiore rispetto agli altri presenti nell'opera.

Gli azzurri nella pittura medievale

L'elevato costo era invero l'unica controindicazione che poteva limitare l'uso dell'oltremare in pittura ; era infatti un colore adatto a tutte le tecniche pittoriche, dotato di un buon potere coprente, con un'ottima stabilità a tutti gli agenti atmosferici e alla calce; pochissimi sono infatti i casi di alterazione del colore attraverso i secoli rilevati dagli esami finora eseguiti sui dipinti. Le alternative meno costose davano risultati ben diversi; l'indaco, l'unica alternativa con una tonalità intensa simile a quella dell'oltremare, tendeva facilmente ad alterarsi alla luce, come tutti i colori di natura organica; l'azzurrite produceva una tonalità molto delicata di azzurro se macinata molto finemente; per ottenere una tonalità che si avvicinasse a quella dell'oltremare occorreva lasciare i granuli della macinatura piuttosto grossi e questo ne complicava l'applicazione che non poteva più avvalersi della tempera all'uovo poiché le particelle per potersi amalgamare nel dovuto modo necessitavano di una colla animale e ciò comportava la stesura di molte mani di pigmento per avere un colore denso e coprente; il risultato finale era un bellissimo azzurro inutilizzabile tuttavia nell'affresco ove l'azzurrite, a contatto con l'acqua rilasciata dall'intonaco, inverdisce trasformandosi in malachite come é accaduto, per esempio, negli affreschi dipinti da Cimabue sul soffitto della Chiesa Superiore di Assisi ed in moltissimi altri affreschi medievali dove cieli ed acque sono diventati verdi; in altri casi l'azzurrite è diventata molto scura, quasi nera; è il caso, ad esempio, del manto della Vergine nella *Madonna Rucellai* dipinta da Duccio da Buoninsegna nel 1285 che prima della pulitura appariva scurissimo e di quello della Vergine nell'*Annunciazione* di Simone Martini (1333); nella maggior parte dei casi l'annerimento dell'azzurrite è dovuto all'ingiallimento dell'olio o delle resine della verniciatura; parte della verniciatura può restare intrappolata tra le particelle grossolane del pigmento; in tali casi i tentativi fatti in passato per togliere la vernice con forti soluzioni alcaline si sono dimostrati inefficaci ed hanno addirittura contribuito ad un ulteriore inscurimento. L'azzurrite restava in ogni caso la materia prima più usata nella pittura a tempera in sostituzione dell'oltremare; essa veniva spesso venduta per oltremare e, data la somiglianza di colore dei due minerali, chi fabbricava i colori doveva verificarne ogni volta la vera natura con l'ausilio di un metodo già conosciuto dai classici: si scaldava un frammento del minerale fino a farlo diventare incandescente, poi lo si lasciava raffreddare; l'azzurrite diventava nera, mentre il lapislazzuli non cambiava colore. Generalmente si usava l'oltremare per le commissioni più importanti; un esempio significativo è la *Maestà* di Duccio, dipinta tra il 1308 e il 1311 per l'altare maggiore del Duomo di Siena; gli esami condotti sui pigmenti in occasione del restauro hanno rilevato la presenza dell'oltremare in molte parti del dipinto e non è stata trovata presenza di alcun altro tipo di blu.

Oltremare è lo spledido blu del manto della Vergine nello squisito *Trittico* di Duccio ora alla National Gallery di Londra. Ciò nonostante l'azzurrite è stata ampiamente usata per molte delle pale d'altare prodotte da Duccio e dalla sua bottega, anche per il manto della Vergine, come risulta nella Madonna Rucellai commissionata per una cappella di Santa Maria Novella in Firenze nel 1285; in questo caso, data l'importanza della commissione, l'uso dell'azzurrite al posto dell'oltremare è alquanto sorprendente; così nel "Polittico No.28", conservato nella Pinacoteca di Siena, l'analisi a raggi infrarossi ha dimostrato che il manto della Vergine e la veste di San Paolo sono in azzurrite, mentre l'oltremare è stato riservato alla veste di San Pietro e nell'angelo sovrastante San Pietro; Duccio sottolinea in questo modo l'importanza maggiore accordata a San Pietro, anche se ne restano sconosciute le ragioni. Nei lavori di Simone Martini e della sua bottega c'é un notevole uso di oltremare della migliore qualità, un uso assai maggiore rispetto a quello dei suoi contemporanei in Siena; Ambrogio Lorenzetti usa l'oltremare per le opere più importanti e l'azzurrite per commissioni meno prestigiose; in alcuni casi è stato identificato l'uso di una piccola quantità di oltremare sopra uno strato di azzurrite: una tecnica, adottata successivamente anche da altri artisti, che permetteva di ottenere la densità e l'intensità del blu con un uso più ridotto d'oltremare. Attraverso l'uso dell'oltremare i pittori, probabilmente su richiesta dei committenti, sottolineavano e richiamavano l'attenzione sui santi favoriti o sulla figura del patrono donatore; era un mezzo puramente artistico per esprimere la propria devozione e/o per ostentare la propria ricchezza da parte del committente. (26)

Un altro azzurro alternativo era fornito dal cosiddetto smaltino, ovvero il blu di smalto che è un vetro al potassio di colore blu, dovuto all'aggiunta di quantità minime e variabili di ossido di cobalto durante la lavorazione; l'ossido di cobalto era fuso insieme a carbonato di potassio e silice; l'impasto veniva versato in acqua fredda ove si disintegrava in particelle che erano poi macinate. Lo smaltino risultava molto stabile alla luce e alla calce, ma essendo un vetro-pigmento era trasparente e di conseguenza aveva scarso potere coprente; era inoltre poco adatto alla pittura ad olio per la tendenza ad opacizzarsi a contatto col legante oleoso. La produzione di smalti vitrei inizia presso le antiche civiltà mesopotamiche e l'ossido di cobalto è presente nelle vernici e nel rivestimento vetroso in vasi dell'Antico Egitto; lo smalto fu largamente usato in Cina sin dalla dinastia Tang per le ceramiche invetriate e smalto in polvere usato come pigmento è stato identificato in pitture murali cinesi databili tra l'XI e il XIII secolo. (27) La fonte principale di cobalto usata nella preparazione del blu di smalto in Europa sin dal Medioevo è il minerale smaltite, del quale esistono miniere in Sassonia e nella penisola scandinava; successivamente è probabile che siano stati usati anche altri minerali di cobalto quali l'eritrite e la cobaltite che è presente in giacimenti situati in Norvegia, in India e Azerbaijan. Per lungo tempo l'uso dello smalto come pigmento restò diffuso quasi esclusivamente in area orientale; sono stati ritrovati pochi esempi del suo uso in pittura in area italiana durante il Medioevo; uno di questi è rappresentato dalle pitture murali nella Loggia dei Cavalieri in Treviso che furono eseguite in due momenti diversi: le pitture a tempera risalgono al 1200; quelle a fresco al 1300 e raffigurano l'assedio di Troia. Gli esami dei pigmenti usati hanno rivelato l'uso di ocre e terre per i gialli, rossi, verdi e bruni, di minio e cinabro per rossi più vivi, di nerofumo per il nero e di blu di smalto per gli azzurri (28); non è da escludere un'influenza orientale, più precisamente bizantina, sull'uso dello smalto in queste pitture che furono probabilmente eseguite da artisti provenienti dall'Impero d'Oriente. A partire dal Quattrocento però anche i pittori italiani cominciano a farne un uso sempre più crescente e Venezia, la "città del colore", diventa uno dei più importanti centri di produzione del blu di smalto.

"Il Libro dell'Arte" di Cennino Cennini

Un documento d'importanza eccezionale è il trattato scritto alla fine del Trecento da Cennino Cennini, un pittore di scuola giottesca che lavorò per dodici anni nella bottega di Agnolo Gaddi, figlio di Taddeo. L'opera del Cennini è una testimonianza preziosa non solo per la storia dell'arte ma anche per la storia della tecnica; essa introduce appieno il lettore nell'ambiente tipico della bottega fiorentina del tardo Trecento, ove si otteneva un'alta qualificazione in cambio di un faticoso e lungo apprendistato; nella bottega si imparava tutto e la figura del maestro non è più quella dell'artigiano medievale, al servizio della Chiesa e del Signore, bensì quella di un intellettuale che raggiunge gloria e prestigio come i più illustri cittadini; é la posizione laica di rivalutazione della dignità sociale dell'arte che si rafforza man mano che la borghesia delle corporazioni si va affermando, specie nella Firenze trecentesca; "..la struttura sociale in evoluzione modificò la connotazione della pittura: da attività finalizzata alla decorazione in un contesto strettamente religioso, a mestiere praticato da membri di corporazioni per soddisfare le richieste di committenti appartenenti alla classe dei nobili o dei mercanti, i quali attingevano ad una gamma più vasta di soggetti. Questo cambiamento rifletteva una più ampia trasformazione della società, in cui il mistero e la magia – un mondo pervaso da forze spirituali in cui le icone possedevano un potere reale – cedevano il passo al commercio, al primato dei traffici sulla religione, a una mentalità pratica. In certo qual modo, questa stessa trasformazione travolse anche l'alchimia, che mantenne i simboli delle sue radici mistiche, ma che per un artigiano come il Cennini era un sistema di produzione come un altro. Queste tendenze raggiunsero la propria conclusione logica nei secoli che seguirono, man mano che le forze del razionalismo cominciavano a sfidare l'autorità della Chiesa e che i pittori trasformavano la propria attività in una disciplina secolare: non un lavoro "sacro", ma un'arte "liberale colta e intellettuale."(29) Per il Cennini la pittura è contraddistinta dalla capacità di dar forma alla fantasia, intesa come capacità propria dell'artista di immaginare una realtà che sembri naturale, e va messa perciò in secondo grado rispetto alla scienza ma va considerata di pari dignità alla poesia, dunque dignità di arte liberale.(30) Il Cennini si dichiara allievo e seguace di Giotto che " rimutò l'arte del dipingere di greco in latino e ridusse al moderno: ed ebbe l'arte più compiuta che avesse mai più nessuno..."; Giotto aveva infatti portato un radicale mutamento nella concezione, nei modi e nelle finalità dell'arte pittorica; egli capovolse l'ortodossia artistica medievale; per gli artisti medievali " la pittura era un modo per raccontare una storia senza usare parole: l'importante era che ognuno dei personaggi principali potesse essere chiaramente identificato nella scena, in una posizione e una dimensione adeguate al suo ruolo e con colori che racchiudevano significati simbolici e tornavano a gloria del Signore." (31) In Giotto "l'esperienza umana reale è messa in luce rispetto alle verità eterne e trascendenti della teologia; le scene religiose contengono persone dall'aspetto realistico, non stereotipato, e appaiono come colte in un istante di vita quotidiana. Si può dire che il naturalismo di Giotto fa del tempo una componente della pittura: l'immagine non è più un simbolo immutabile, ma viene fissata nella fuggevolezza dell'attimo." (32) Così per il Cennini il valore dell'arte non é più da ricercarsi soltanto nella prevalenza della perfezione delle tecniche di esecuzione derivate dalla ritualità dell'arte bizantina, vincolata al dogma dell'ortodossia. I valori di quell'arte vengono ora arricchiti dalla forza e dalla novità dell'ideazione e dell'invenzione, premesse e guida delle successive fasi esecutive.(33) Per il Cennini il disegno non è soltanto una fase preparatoria dell'opera ma ha un suo valore ideale e teoretico autonomo; non è il disegno a semplice contorno, proprio della tradizione bizantina o romanica, ma quello chiaroscurato, tipico della tradizione giottesca, che modella le figure dando loro plasticità; la luce, proveniente da una fonte individuabile, pone gli oggetti in rilievo; il disegno, ovvero il rilievo chiaroscurato, è quindi il momento iniziale e centrale della creazione e il colore, come il disegno, sarà continuamente modellato di toni chiari e di toni più scuri. Nei colori ciò che conta è la loro duttilità strumentale, non la loro preziosità materiale; non esiste più alcuna gerarchia delle materie valide in sé, per la loro preziosità intrinseca, istituite da Teofilo; Cennino spiega come preparare e dosare i colori valutando esclusivamente la loro funzionalità artistica, ovvero la loro capacità di assolvere appieno alle esigenze dell'artista. Tra gli aspetti che distinguono questo trattato dai precedenti ed anche da altri posteriori c'è anche il linguaggio usato dall'autore che scrive in volgare, con uno stile chiaro, diretto, conciso, teso ad esprimere l'essenziale dell'argomento trattato. Questi caratteri dell'opera cenniniana fanno collocare il Libro dell'Arte al limite di due periodi, ma con una chiara proiezione verso il Rinascimento.(34)

" Questo testo, unico nel suo genere, fino ad ora conosciuto solo da pochi addetti ai lavori è oggi seriamente preso in considerazione soprattutto nell'ambiente del restauro dove questa fonte primaria d'informazione viene continuamente consultata.."(35)

Nella bottega di Cennino

Il trattato di Cennino " non è soltanto un codice per i pittori, ma anche una guida per le maestranze di quei meravigliosi laboratori medievali nei quali si assumeva ogni specie di lavoro decorativo e dove si dedicava lo stesso impegno, lo stesso amore, nel dipingere una pala d'altare o nell'ornare stendardi, cassoni o stoffe stampate."(36) Ogni tipo ed ogni fase del lavoro svolto in bottega è minuziosamente e chiaramente descritto, così come i materiali e come usarli al meglio secondo il risultato che si vuol ottenere. Il " Libro dell'Arte" ci dà una chiara idea del vario lavoro svolto in bottega, ove tutto ciò che si preparava richiedeva tempo e dedizione; gli allievi iniziavano dai lavori più umili, quali ad esempio la macinazione dei minerali per i colori o la cottura delle colle; era un lungo apprendistato e solo la guida del maestro poteva stimolare l'allievo a conoscere la propria personalità artistica; così si esprime Cennino in chiusa al capitolo CIV:" Che molti son che dicono che senza esser stati con maestri hanno imparato l'arte; nol credere, ché io ti do l'esempro (= esempio) di questo libro: studiandolo di dì e di notte, e tu non ne veggia qualche pratica con qualche maestro, non ne verrai mai da niente, né che mai possi con buon volto stare tra i maestri"; per Cennino l'arte è "un equilibrio tra l'applicare uno stile e affidarsi all'osservazione diretta, tra il profittare del maestro e il rifiutare l'imitazione manieristica… Così nel creare sulla base dell'insegnamento ricevuto dal maestro, secondando la natura, guidato dalla fantasia, l'artista realizza compiutamente la propria personalità."(37)

I colori di Cennino

Il colore per Cennino, lo abbiamo già sottolineato, è un materiale come un altro che l'artista plasma e utilizza secondo la sua inclinazione artistica ed è perciò valutato in base alla sua duttilità e resa nelle diverse tecniche artistiche; l'artista crea il colore e lo piega alla sua ispirazione. Le materie prime citate per la fabbricazione dei colori non presentano sostanziali novità rispetto a quelle già menzionate nei precedenti trattati; per i neri vengono indicati il nero di sarmenti di vite, ottenuto carbonizzando tralci di vite e poi macinandoli e setacciandoli; il nero di lampada, una particolare varietà di nerofumo, consistente in una polvere impalpabile, leggerissima e vellutata che altro non era che il deposito di fuliggine ottenuto dirigendo una fiamma su una superficie fredda; Cennino parla anche di una pietra nera molto soffice e particolarmente adatta al disegno e che molti studiosi hanno identificato con la grafite; per i rossi: il cinabro artificiale, che a quell'epoca doveva essere un prodotto di normale fabbricazione poiché l'autore tralascia di darne la ricetta in quanto assai facilmente reperibile," spezialmente pigliando amistà di frati", il che fa presumere che il cinabro artificiale si preparasse anche nei conventi; Cennini raccomanda di comperarlo sempre intero e non pesto né macinato perché il più delle volte viene falsificato con minio o polvere di mattone e dice di non scordare che " la natura sua non è di vedere aria, ma più sostiene in tavola che in muro; perocché per lunghezza di tempo, stando all'aria, vien nero quando è lavorato e messo in muro"; e difatti alcune specie di cinabro tendono ad inscurire alla luce e questo cambiamento è più facilmente osservabile nelle pitture murali che non sono protette dalla verniciatura; il fenomeno è dovuto alla tendenza del solfuro di mercurio rosso a trasformarsi nella modificazione nera; il solfuro di mercurio infatti è in natura dimorfo: ne esistono due qualità, una rossa detta appunto cinabro ed una nera detta meta-cinabro, che differiscono tra loro per alcune caratteristiche chimico-fisiche quali colore, peso specifico, temperatura di sublimazione, sistema di cristallizzazione. Il solfuro di mercurio ha la proprietà di trasformarsi dall'una all'altra forma se sottoposto a sollecitazioni come la combinazione con sostanze alcaline, ad es. la calce, l'esposizione ad agenti atmosferici quali luce ed umidità, o la combinazione con metalli contenuti in altri colori, ad es. il bianco di piombo; nel processo di fabbricazione del cinabro artificiale, ottenuto per via secca, si passava dalla forma nera a quella rossa per sublimazione della prima e successiva condensazione.(38)

Tra i rossi naturali é citata la sinopia, ovvero l'ocra rossa, che è adatta a tutte le tecniche pittoriche; tutti i pigmenti a base di ossidi di ferro infatti, non essendo attaccati dagli alcali, contenuti ad esempio nella calce, sono stati fondamentali nella tavolozza per

92

l'affresco dall'età minoica ad oggi. L'ocra rossa mescolata a calce spenta molto bianca dà un colore chiamato "cinabrese chiara", considerato perfetto per gli incarnati nell'affresco. Cennini descrive poi la preparazione di un rosso "chiamato amatisto, o ver amatito" che descrive come una pietra "fortissima e soda" che va pestata in un mortaio di bronzo poiché quello di porfido si spezzerebbe; in base a questa caratteristica deve trattarsi del diaspro rosso, citato altrove come "lapis amatito", che è compatto e molto duro, e non, come hanno pensato alcuni, dell'ematite che è invece un minerale tenero e friabile. Quanto al minio lo si considera buono solo per la pittura su tavola, ma non ovviamente per l'affresco poiché "come vede l'aria diventa subito nero e perde suo color"; Cennino si riferisce alla facilità del minio di piombo a trasformarsi a contatto con l'aria in solfuro di piombo che è nero. Poche righe vengono dedicate al sangue di drago che, presentando i già noti difetti dei colori di natura organica, è valido solo in miniatura.

Chiude la serie dei colori rossi quello chiamato "lacca"; Cennino non specifica di quale tipo di lacca si tratti; dice che ve ne sono di più tipi e mette in guardia dall'usare quella fatta di cimatura di panno poiché non dura e perde il suo colore; questa lacca si otteneva con lo stesso sistema usato per ottenere il purpurissum dei classici, ovvero scaricando la tinta, con lisciva di ceneri o con urina umana, dalle cimature dei panni tinti in rosso col kermes (39); escludendo la lacca di cocciniglia, che all'epoca era ancora sconosciuta in Europa, il Brunello osserva che i caratteri di questa lacca ("lacca la qual si lavora di gomma, ed è asciutta, magra, granellosa che quasi tiene color sanguineo") fanno supporre che si trattasse della gommalacca proveniente dall'India, preparata trattando a più riprese la secrezione resinosa dell'insetto *Kerria lacca* Kerr che vive sui rami di alcune piante tipiche dell'India; l'estrazione della materia colorante, l'acido laccaico, si ottiene immergendo in acqua calda la resina frantumata in granuli (40).

Precipitata con allume si otteneva il pigmento detto anche lacca indiana. Cennini conclude dicendo che" è buona in tavola. Ed anche s'adopera in muro con tempera, ma l'aria è sua nimica". Questa gommalacca fu usata anche per tingere in rosso la seta mordenzata con allume, ottenendo una tinta rosso vivo simile a quella del kermes e della cocciniglia.

Tra i colori gialli troviamo: l'ocra gialla che secondo la testimonianza dell'autore era reperibile in notevole quantità, assieme a molte altre terre colorate, in alcune vene nell'area di Colle Valdelsa; adatta, come tutte le ocre, per l'affresco e in mescolanza con qualsiasi altro colore; nel trattato del Cennini compare la più antica citazione che si conosca di un pigmento giallo chiamato 'giallorino', del quale si dice che "è artificiato, e è molto sodo. E' grieve come prieta e duro da spezzare. Questo colore s'adopera in fresco e dura sempre (cioè in muro), e in tavola con tempere. Questo colore vuole essere macinato, sì come gli altri predetti con acqua chiara;..é molto malagevole a ridurlo in polvere, convienti per mortaro di bronzo pestarlo, sì come de' fare del lapis amatito;…di questo colore con altre mescolanze..se ne fa di belle verdure e color d'erbe. E sì mi do a intendere che questo color sia propia prieta, nata in luogo di grande arsure di montagne: però ti dico sia colore artificiato, ma non d'archimia." Dalle parole dell'autore, secondo il Brunello, si potrebbe supporre che egli lo ritenesse un prodotto naturale opportunamente trattato ("artificiato") ma non ottenuto artificialmente per via chimica ("non d'archimia"); il Brunello ritiene che il Cennini si rifacesse ad una vecchia leggenda secondo la quale il giallorino si sarebbe trovato tra le lave del Vesuvio.

"La descrizione del Cennini tuttavia non è sufficientemente chiara per poter dedurre quale sia stata la reale composizione chimica di tale pigmento; alcuni studiosi ritengono che si tratti di giallo di piombo e stagno, che risulta sia stato usato da Spinello

Aretino, un pittore contemporaneo del Cennini, che lo impiegò nel dipinto *Madonna e angeli* conservato al Fogg Art Museum di Cambridge, Boston. Le uniche ricette antiche per la preparazione del giallorino sono contenute nel cosiddetto Manoscritto Bolognese del XV secolo nel quale si descrivono i due procedimenti per ottenere due varietà di giallo di piombo e stagno; la varietà più usata è quella ottenuta fondendo biossido di piombo con biossido di stagno ad una temperatura tra i 650 e gli 800 gradi; a 700 gradi si ha una tonalità calda di giallo; ad una temperatura superiore si ha una tonalità giallo limone. Nella seconda varietà, oltre al piombo e allo stagno, è presente anche la silice; i componenti vengono scaldati fino ad 800/900 gradi e il risultato potrebbe corrispondere al pigmento chiamato "giallo di vetro" proveniente da Venezia. Entrambe le varietà sono adatte per l'affresco poiché non temono l'azione degli alcali; hanno un buon potere coprente, buona resistenza alla luce, ma , come tutti i composti di piombo, anneriscono a contatto dei solfuri. Secondo altri studiosi invece dovrebbe trattarsi di antimoniato di piombo, il cosiddetto giallo di Napoli o giallo egiziano, usato già in Mesopotamia per smaltare le ceramiche; in effetti "i minerali di piombo sono frequentemente accompagnati da quelli di antimonio negli stessi giacimenti e non sempre nelle analisi dei campioni definiti come giallo di piombo e stagno è stato fatto un test specifico per l'antimonio. Pertanto, almeno in alcuni casi, i pigmenti qui classificati come giallo di piombo e stagno e giallo di Napoli potrebbero risultare analoghi". (41)

Il giallo di piombo-stagno detto anche 'giallo di vetro' ed oggi denominato giallo di piombo-stagno tipo II è stato successivamente identificato come il giallo ricorrente nelle pale d'altare fiorentine del Trecento e nella tavolozza di Giotto e Jacopo di Cione; scompare invece nelle opere dei pittori fiorentini del Quattrocento, nelle quali è presente soltanto il giallo di piombo-stagno tipo I, la varietà ottenuta ad una temperatura inferiore e senza presenza di silice.

"Giallo è un color che si chiama orpimento. Questo tal colore è artificiato e fatto d'archimia, ed è proprio tosco; ed è di color più vago giallo resimigliante all'oro, che color che sia. A lavorare in muro non è buono, né in fresco né con tempere, però che viene negro come vede la'aria...Di questo color mescolando con indaco abaccadeo, fa' color verde da erbe e da verdure. La sua tempera non vuol d'altro che di colla...Guardatene da imbrattartene la bocca, che non ne riceva danno la persona." Il Cennini dunque raccomanda di non usare l'orpimento per la pittura murale; esso infatti è poco stabile alla calce e all'umidità, inoltre lo zolfo da esso liberato reagisce con il rame o il piombo formando del solfuro di rame o di piombo entrambi di colore nero; può invece essere mescolato con l'oltremare e con i pigmenti a base di ferro; Cennini lo consiglia anche in mescolanza con l'indaco, qui chiamato "abaccadeo", ovvero "proveniente da Baghdad", poiché l'indaco orientale era considerato, a ragione, quello di miglior qualità; da questa miscela si otteneva un bel verde adatto per il colore dei prati e degli alberi; l'orpimento era molto velenoso per la presenza di solfuro d'arsenico e in tutti i trattati si mette in guardia sul pericolo che si può correre nel manipolarlo. La stessa raccomandazione viene ripetuta per il realgar, qui chiamato, secondo la terminologia medievale, "risalgallo", mentre in altri testi lo si trova come "risigallo"; nel Medioevo si conosceva il metodo per prepararlo anche artificialmente, fondendo una miscela di zolfo e arsenico; non si usò molto in pittura a causa della sua elevata tossicità e della sua facile alterabilità a contatto con altri colori; Cennino nomina il realgar tra i colori gialli; in realtà il suo vero colore è un bel rosso aranciato; nel minerale naturale però esso si trova il più delle volte associato all'orpimento, il che contribuisce a confondere il suo tono di colore con il giallo dell'orpimento; nonostante le numerose controindicazioni, orpimento e realgar troveranno largo impiego, come vedremo, nella pittura veneziana del XV e XVI secolo. Quanto allo zafferano si raccomanda che non veda l'aria perché perde il suo colore; Cennino lo consiglia per la miniatura e per ottenere un colore erba perfetto mescolando zafferano e verderame: "..togli un poco di verderame e di zafferano; cioè, delle tre parti l'una zafferano; e viene il più perfetto verde in color d'erba che si truovi, temperato con un poco di colla..."L'ultimo giallo citato dal Cennini è l'àrzica, " il quale colore è archimiato e poco s'usa. Il più che s'appartenga di lavorare di questo colore si è a' miniatori, e usasi più in verso Firenze che in altro luogo. Questo è color sottilissimo; perde all'aria; non è buono in muro; in tavola è buono. Mescolando un poco d'azzurro della Magna e giallorino, fa bel verde". Nel Medioevo il termine "àrzica" indicava diversi colori gialli ma quello per il quale veniva più comunemente usato era la lacca gialla ricavata precipitando in allume il succo dei fiori di Reseda luteola o erba gualda o erba dei tintori e di questa dovrebbe trattarsi, poiché il Cennini dice che non ha resistenza all'aria, ma la ritiene adatta ai miniatori.

Dopo i colori gialli Cennino passa in rassegna i verdi; il "verdeterra" è ricavato dalla terra verde; non ha un tono vivace, ma è solidissimo ed è " buono a lavorare in visi, in ne' vistiti, in casamenti, in fresco, in secco, in muro, in tavola, e dove vuoi...E temperandolo, sì come ti mostrerò il bolo da mettere d'oro, così medesimamente puoi mettere d'oro con questo verdeterra. E sappi che gli antichi non usavano di mettere d'oro in tavola altro che con questo verde." Il verdeterra infatti fu molto usato nel Medioevo non solo come colore in pittura, ma anche per preparare i fondi da dorare o da argentare, in sostituzione del bolo armeno, una terra di color rosso-bruno impiegata soprattutto nella composizione di mordenti per le dorature.

Un colore chiamato "verde azzurro" e che il Cennini considera buono per la pittura a secco e in tavola dovrebbe corrispondere alla chrysocolla dei classici; dice infatti che si fa dall'azzurro della Magna e quindi deve trattarsi di un composto di rame, probabilmente una miscela di minerali polverizzati di malachite ed azzurrite. Un altro verde si otteneva mescolando orpimento ed indaco temperati con colla. Buono in muro e in tavola era un verde di miscela di giallorino e azzurro della Magna temperato con rosso d'uovo; l'aggiunta di un poco di àrzica lo rendeva ancora più bello. Sempre partendo dall'azzurro della Magna si creava un altro bel verde , anche se poco stabile alla luce: si aggiungevano alcune gocce di succo acido ricavato dal prugnolo selvatico, che il Brunello identifica con i frutti del Biancospino; in questo modo si abbassava la basicità dell'azzurro della Magna, costituito da carbonato basico di rame, facendone virare il colore da azzurro a verde.

Un verde buono in tavola ma non in muro era ottenuto aggiungendo all'orpimento un quantitativo di oltremare maggiore o minore a quello dell'orpimento a seconda che si volesse un tono di verde più scuro o più chiaro. Quanto al verderame il Cennini lo ritiene buono in tavola, temperato con colla, ma mette in guardia dal porlo a contatto con la biacca poiché sono "inimici mortali"; infatti il carbonato basico di piombo (biacca) e l'acetato basico di rame (verderame) reagiscono tra loro decomponendosi. L'ultimo verde è una miscela di biacca e verdeterra da usarsi in tavola, temperato con rosso d'uovo, oppure una miscela di verdeterra e bianco sangiovanni per l'affresco.

Il bianco San Giovanni e la biacca erano i due bianchi fondamentali in pittura; il primo, perfetto nell'affresco per la sua ottima resistenza alla luce, all'umidità e alla calce, si otteneva dalla calce spenta che veniva ripetutamente lavata in acqua, quindi essiccata al sole; l'effetto dell'anidride carbonica contenuta nell'aria trasformavano l'idrato di calcio in carbonato di calcio; il bianco di piombo o biacca si preparava anche nel Medioevo secondo il procedimento dei classici: schegge di piombo erano sospese sopra un vaso contenente aceto molto forte; il piombo, attaccato dai vapori acidi, si trasformava in acetato basico di piombo che cadeva pezzo a pezzo nell'aceto; il residuo al fondo veniva poi raccolto, seccato, macinato, impastato con aceto formando pallottole che venivano infine seccate al sole ove, per azione dell'anidride carbonica dell'aria, si formava il carbonato basico di piombo.

Il Cennini dice che è buona in tavola, ma osserva che nell'affresco tende ad annerirsi; e difatti l'esposizione all'aria e all'umidità causano la trasformazione del carbonato di piombo bianco in solfuro di piombo nero; questo fenomeno è particolarmente evidente nella "Crocifissione" affrescata da Cimabue nella Chiesa Superiore di San Francesco ad Assisi; nei dipinti a tempera protetti da verniciatura, questo fenomeno si verifica più raramente ed è comunque possibile intervenire con opportuni trattamenti per restaurare il bianco di piombo annerito. Nonostante i suoi difetti la biacca è stata usata comunque in tutte le tecniche pittoriche ed è l'unico pigmento presente senza soluzioni di continuità dall'età classica fino alla fine del XIX secolo; nella pittura ad olio è praticamente perfetta, diventa una pasta morbida facile a stendersi e che non si screpola.(42)

In ultimo Cennino ci parla delle caratteristiche e della preparazione degli azzurri; le informazioni sono quelle già descritte in questo capitolo; il suo giudizio sull'oltremare è una conferma del pregio in cui era tenuto tale pigmento: "Azzurro oltremarino si è un colore nobile, bello, perfettissimo oltre a tutti i colori, del quale non se ne potrebbe né dire né fare quello che non ne sia più. E per la sua eccellenza ne voglio parlare largo e dimostrarti a pieno come si fa. E attendici bene, però che ne porterai grande onore e utile. E di quel colore, con l'oro insieme (il quale fiorisce tutti i lavori, di nostra arte), vuoi in muro o vuoi in tavola in ogni cosa risprende."

La ricetta di Cennino per la preparazione dell'oltremare si attiene in linea generale ai metodi già descritti e ben dimostra quanto fosse laborioso il processo per ottenere tale prezioso pigmento: "Prima, togli lapis lazzari. E se vuoi cognoscere la buona pietra, togli quella che vedi sia più piena di colore azzurro, però ch'è ella mischiata tutta come cenere. Quella che tiene meno colore di questa cenere, quella è migliore. Ma guar'ti che non fusse pietra d'azzurro della Magna, che mostra molto bella all'occhio, che pare uno smalto. Pestala in mortaro di bronzo coverto, perché non ti vada via in polvere; poi la metti in sulla tua prìa profferitica e triala sanza acqua; poi abbia un tamigio coverto, a modo gli speziali, da tamigiare spezie; e tamigiali e ripestagli come fa per bisogno, ch'abbi in mente, che quanto la trii più sottile, tanto vien l'azzurro sottile, ma non sì bello violante, di colore ben nero; ché il sottile è più utile a' miniatori, e da fare vestiri biancheggiati. Quando hai in ordine la detta polvere, togli dagli speziali sei oncie di ragia di pino, tre oncie di mastrice, tre oncie di cera nuova, per ciscuna libbra di lapis lazzari: tutte queste cose in un pignattello nuovo, e falle struggere insieme. Poi abbi una pezza bianca di lino e cola queste cose in una catinella invetriata. Poi abbi una libbra di questa polvere di lapis lazzari e rimescola bene insieme ogni cosa, e fanne un pastello tutto incorporato insieme. E per potere maneggiare il detto pastello, abbi olio di semenza di lino e sempre tieni bene unte le mani di questo olio. Bisogna che tegni questo cotal pastello per lo men tre dì e tre notti, rimenando ogni dì un pezzo; e abbi a mente, che lo puoi tenere nel detto pastello quindici dì, un mese, quanto vuoi. Quando tu ne vuoi trarre l'azzurro fuora, tieni questo modo: fa' due bastoni d'una asta forte, né troppo grossa, né troppo sottile; e sieno lunghi ciascuno un pié, e fa' che sieno ben ritondi da capo e da pié, e puliti bene. E poi abbi il tuo pastello dentro nella catinella invetriata, dove l'hai tenuto, e mettivi dentro presso a una scodella di lisciva calda temperatamente; e con questi due bastoni, da catuna mano il suo, rivolgi e struca e mastica questo pastello in qua in là, a modo che con mano si rimena la pasta da far pane, propriamente in quel modo. Come hai fatto che vedi la lesciva essere perfetta azzurra, trannela in 'n una scodella invetriata; poi tolli altrettanto lisciva e mettila sopra il detto pastello, e rimena co' detti bastoni a modo di prima. Quando la lisciva è ben tornata azzurra, mettila sopra un'altra scodella invetriata, e rimetti in sul pastello altrettanta lisciva, e ripriemi a modo usato. E quando la lesciva è bene azzurra, mettila in su 'n un'altra scodella invetriata: e per lo simile fa' così parecchi dì, tanto che il pastello rimanga che non tinga la lesciva; e buttalo poi via, che non è più buono. Poi ti reca dinanzi da te in su 'n una tavola per ordine tutte queste scodelle, cioè prima, seconda, terza quarta tratta, per ordine seguitando ciascuna: rimescola co man la lisciva con l'azzurro che, per gradezza del detto azzurro, sarà andato al fondo; e allora cognoscerai le tratte del detto azzurro. Delìberati in te medesimo di quante ragioni tu vòi azzurri, o di tre, o di quattro, o di sei, e di quante ragioni tu vòi: avvisandoti che le prime tratte sono migliori, come è la prima scodella migliore che la seconda. E così, se hai diciotto scodelle di tratte e tu voglia fare tre maniere d'azzurro, fa' che ne tocchi sei scodelle, e mescolate insieme, e ridurle in una scodella: e sarà una maniera. E per lo simile dell'altre. Ma tieni a mente che le prime due tratte, se hai buon lapis lazzari, è di valuta questo tale azzurro di ducati otto l'oncia; le due tratte di dietro è peggio che cendere. Sì che, sia pratico nell'occhio tuo di non guastare li azzurri buoni per li cattivi: e ogni dì riasciuga le dette scodelle delle dette liscìe, tanto che li azzurri si secchino. Quando son ben secchi, secondo le partite che hai, secondo l'alluoga in cuoro, o in vesciche, o in borse...."

Cennino suggerisce poi il modo per migliorare il tono dell'oltremare nel caso in cui il colore non sia venuto perfetto, ovvero con quella sfumatura quasi purpurea tipica della qualità più pregiata; consiglia di mescolarvi un poco di kermes e verzino (una delle denominazioni del legno brasile) previamente bolliti in liscivia e allume di rocca.

Dopo le spiegazioni sul come fabbricare i pennelli, Cennino dedica i capitoli successivi al buon fresco; questa parte è tuttora la più esauriente spiegazione della tecnica usata a Firenze e che si diffuse poi ovunque nel corso del XIV secolo. Ancora una volta si raccomanda di usare od evitare certi pigmenti a seconda della tecnica pittorica usata, in base alle caratteristiche ed alle reazioni che ogni pigmento ha con i materiali del supporto e con gli altri pigmenti: "Ogni colore di quelli che lavori in fresco, puoi anche lavorare in secco; ma in fresco con colori che non si può lavorare (= ma vi sono colori con i quali non si può lavorare in fresco), come orpimento, cinabro, azzurro della Magna, minio, biacca, verderame e biacca. Quelli che si può lavorare in fresco, giallorino, bianco sangiovanni, nero, ocria, cinabrese, sinopia, verdeterra, amatesto (= diaspro rosso). Quelli che si lavorano in fresco vogliono per compagnia, a dichiararli (= per schiarirli), bianco sangiovanni, e i verdi, quando gli vuoi lasciare per verdi, giallorino; quando li vuoi lasciare verdi in color di saloia (= salvia), to' del bianco. Quelli colori che non si possono lavorare in fresco, vogliono per compagnia, a dichiararli, biacca e giallorino, e alcuna volta orpimento; ma rade volte orpimento."

Per poter stendere i pigmenti e farli aderire al supporto (tavola, tela, muro) occorre "temperarli", ovvero diluirli in un mezzo legante; i pigmenti non si sciolgono nel mezzo legante, ma ne restano inglobati restando inalterati nel tempo; i leganti impiegati al tempo di Cennino resteranno in uso ancora per secoli; nella cosiddetta pittura a tempera il mezzo legante era costituito da materiali proteici quali tuorlo d'uovo, albume, colle animali, oppure da gomme o resine; più mezzi leganti potevano essere usati nello stesso dipinto a seconda della combinazione pigmento-legante ritenuta migliore; nell'acquerello i pigmenti sono stemperati in una soluzione acquosa di gomma arabica, con eventuale aggiunta di miele; nell'affresco il colore è steso su un intonaco di sabbia fine e calce; il mezzo legante qui è la calce spenta; una volta asciutto si poteva completare l'affresco con rifiniture a tempera, olio, con dorature e velature. Nella pittura a olio il mezzo legante è costituito da oli siccativi, quali olio di lino, di noce e papavero; questi oli hanno la proprietà di seccare all'aria, in quanto capaci di assorbire l'ossigeno e applicati su di una superficie si trasformano in un film sottile, solido ed elastico; i pigmenti vi si stemperano facilmente e la miscela risultante può essere stesa a pennello su svariati supporti, quali muro, tavola e tela. L'olio di lino, nonostante tenda ad ingiallire nel tempo più dell'olio di noce e di papavero, è stato l'olio più usato; la pittura a olio è una tecnica molto antica; già in epoca classica si conoscevano le proprietà dei vari oli che venivano utilizzati nei dipinti murali; l'olio di lino come legante è menzionato da Teofilo e Cennino dedica alcuni capitoli alla pittura ad olio su vari supporti e alla preparazione dell'olio stesso; questa tecnica dunque era già ben conosciuta e sarebbe inesatto continuare ad attribuirne l'invenzione, basata sulla testimonianza del Vasari, al Van Eyck; vero è che al tempo del Cennini, come egli stesso afferma, la pittura ad olio era assai più praticata dai pittori d'oltralpe, mentre i pittori italiani preferivano lavorare a tempera; è quindi assai più verosimile che a Van Eyck spetti il merito di avere perfezionato la tecnica ad olio e ad Antonello da Messina quello di aver diffuso più largamente in Italia tale tecnica.

6) TAVOLOZZE A CONFRONTO NELLA FIRENZE DEL TARDO QUATTROCENTO

Dalla bottega del Ghirlandaio

Il confronto di sei tavole tutte dipinte nell'ultimo quarto del Quattrocento da artisti fiorentini e restaurate alla National Gallery di Londra, ove sono tuttora conservate, ha permesso di scoprire che la maggior parte dei materiali usati sono comuni a tutti i dipinti e le differenze nel loro uso sono in generale molto lievi. Delle tavole in esame due sono opera del Botticelli (*Four scenes from the early life of Saint Zenobius* e *Three miracles of Saint Zenobius*), una ad un imitatore di Filippo Lippi (*The Virgin and Child with an Angel,* ca. 1480), una di Filippino Lippi (*The Virgin and Child with Saint John*, anni Settanta del '400), una di Domenico Ghirlandaio (*The Virgin and Child*, ca. 1480) ed una attribuita a suo fratello Davide (*The Virgin and Child with Saint John*, anni Ottanta del '400). Nell'occasione è stata esaminata una settima tavola , la 'Madonna di Manchester' di Michelangelo presente alla National per una mostra. Nel tardo Quattrocento l'atelier del Ghirlandaio diviene il terreno di prova e la scuola per una parte significativa delle future generazioni di artisti, compreso il giovane Michelangelo. Tutti i pittori qui menzionati operano restando fedeli ad una tradizione tecnica relativamente conservatrice; anche se qualcuno fa sporadico uso di olio per alcuni colori, le tavole sono state eseguite con la tecnica della tempera all'uovo e facendo spesso uso di dorature: un consapevole rifiuto verso lo sviluppo più innovativo e sperimentale delle potenzialità del legante all'olio, contrariamente a quanto stavano già facendo i Pollaiuolo, Leonardo da Vinci ed il più conservatore Perugino.

Il perdurare di questa tecnica altamente tradizionale fino agli ultimi anni del Quattrocento é associata in particolare alla bottega del Ghirlandaio; Filippino Lippi, ad esempio, come allievo del Botticelli segue la tecnica della tradizione nei primi anni della sua carriera, ma l'abbandonerà verso il 1480 quando troverà uno stile ed una tecnica del tutto personali.

Dalle analisi dei pigmenti l'aspetto che maggiormente colpisce è la consistente ricorrenza degli stessi materiali in tutti i dipinti ed anche quanto ne sia limitata la gamma. A parte l'uso inevitabile di bianco di piombo e nero di carbone, si ripetono gli stessi pochi pigmenti, usati da soli o con altri in miscele molto simili. I due pigmenti blu, oltremare naturale ed azzurrite sono usati per il cielo e per le vesti; tra i pigmenti rossi troviamo solo il rosso, opaco vermiglione e lacche rosse derivate principalmente dalla lacca indiana; il giallo di piombo-stagno era un materiale standard, ma nel periodo considerato troviamo solo quello di tipo I, in aperto contrasto con la regolare presenza del tipo II nelle pale d'altare fiorentine del Trecento. L'unico pigmento verde che ricorre è la malachite che diventa una presenza standard nella tavolozza della pittura italiana del Quattrocento ed è largamente usata per le stoffe, il paesaggio e il fogliame, sostituendosi alle miscele in uso nel Trecento per ottenere il verde. Si presume che la mancanza di valide alternative per preparare verdi soddisfacenti nella tempera abbia incoraggiato l'uso della malachite che è alquanto affidabile nell'uovo diversamente dal verderame la cui resa nell'uovo è molto scarsa e dalla terra verde, disponibile al tempo, la quale aveva un colore molto debole e serviva soprattutto per il sottofondo degli incarnati. Nelle tavole in esame è presente sia la malachite naturale che quella artificiale preparata facendo precipitare sali di rame solubili in una soluzione acquosa di carbonato di calcio. L'uso della malachite artificiale non è confinato all'ambiente fiorentino, ma è stato rilevato anche in dipinti su tavola del Quattrocento della scuola senese, veneziana e ferrarese, ad esempio in opere del Sassetta, Bellini, Cosimo Tura e del Cossa. Nel Cinquecento, con il dominio della pittura ad olio, il verderame, detto anche verdigris, verrà preferito alla malachite.

Consistente è anche la somiglianza nella scelta dei leganti; in tutti i dipinti i colori più chiari sono in pura tempera d'uovo; tutti gli artisti hanno impiegato qualche olio siccativo per le sfumature più scure e trasparenti di rosso, verde e blu.

In svariati dipinti è presente il resinato di rame preparato per velature e contenente olio aggiunto all'uovo in piccole quantità; questa tempera arricchita con olio viene definita 'tempera grassa' e la si trova come legante anche per le lacche rosse in tre dipinti.

Anche nelle dorature viene seguita la tecnica tradizionale trecentesca detta 'a mordente': sulle linee della decorazione veniva steso un impasto adesivo sul quale si posava la foglia d'oro le cui parti in eccedenza venivano asportate ed usate per il lavoro successivo. Solo nelle due tavole del Botticelli alcune dorature sono eseguite 'a conchiglia', vale a dire con oro in polvere, che tradizionalmente era conservata in un guscio di conchiglia; trattata come un pigmento, la polvere d'oro era mescolata alla tempera ed applicata facendola fluire da un calamo o da una penna d'oca; nei manoscritti invece si usava come legante la gomma arabica. (45)

Per riassumere, considerata l'importanza degli artisti che eseguirono le tavole esaminate nonché quella della bottega in cui si formarono, si può ritenere che la tavolozza tradizionale fiorentina del tardo Quattrocento fosse costituita essenzialmente dai seguenti pigmenti:

Bianco di piombo
Giallo di piombo-stagno tipo I
Ocra gialla
Vermiglione
Lacca rossa
Malachite, naturale e artificiale
Resinato di rame per velatura

Terra verde, usata per il sottofondo pittorico
Oltremare naturale
Azzurrite
Nero di carbone

7) LA CITTA' DEL COLORE

Il colore nella Venezia del Rinascimento

Venezia diviene il teatro della grande stagione rinascimentale del colore; a Venezia più che in ogni altra città il colore è da tempo assunto come mezzo espressivo dominante, nei rapporti sociali e politici come nell'arte. Secondo gli storici a questa speciale attenzione e sensibilità verso il colore e allo stile artistico veneziano avrebbe contribuito notevolmente il particolare ambiente fisico nel quale era immersa la città: la laguna che riflette gli edifici della città e ne cambia continuamente colori e sfumature ad ogni variazione della luce, le acque stesse della laguna che mutano dall'azzurro intenso del cielo al verde brillante o al blu cupo, le atmosfere spesso velate che sfumano i colori in una moltitudine di tonalità.

Le case dei Veneziani, nella loro varietà di colori, non sembrano sorgere dal terreno poiché né i loro mattoni né le piastrelle di ceramica condividono il proprio colore con quello di una terra visibile sulla quale siano costruiti, né il colore delle pietre e dei marmi può essere confrontato con i toni e l'aspetto caratteristico di rocce o montagne circostanti; nell'ambiente lagunare i materiali da costruzione e decorazione acquisiscono un aspetto e caratteristiche diverse e distintive. Costruendo su un instabile terreno di fondazione fangoso, i Veneziani avevano bisogno di mantenere la struttura portante dei loro edifici il più leggera possibile; i muri erano più sottili che altrove e la costruzione a volta in pietra era quasi sconosciuta. Sul Canal Grande, la zona più ambita per le abitazioni dei patrizi, i palazzi si sostengono l'un l'altro come libri su uno scaffale. Non c'è soluzione di continuità tra gli edifici e i colori. Su una laguna i confini non sono rigidi, le maree salgono e scendono, la demarcazione tra l'acqua e gli edifici non è mai netta; in nessun altra città la linea di base dalla quale emergono le architetture è così variabile; l'ambiente fisico - la sua consistenza e i suoi colori – è estremamente sensibile alle variazioni del tempo. Dopo una tempesta le acque del canale e della laguna perdono la loro trasparenza, assumono un colore verde giada, opaco e increspato di bianco. Nei giorni limpidi le acque sono trasparenti, riflettono sia il blu del cielo che i colori ocra, pesca, rosso ruggine degli intonaci; sulle acque si forma un mosaico tremolante le cui tessere sfumano dall'arancio intenso al blu, al sabbia dorato, in un passaggio continuo di colore al muovere dell'acqua.(1) Colori reali e colori riflessi creano un'atmosfera di fascino particolare ed una sensibilità speciale alla vibrazione della luce e del colore; non sorprende quindi che proprio a Venezia più che altrove gli artisti abbiano fatto del colore il mezzo espressivo più importante.

Ma la tradizione e l'abitudine al colore venivano anche dai rapporti secolari con l'Oriente e dall'inevitabile influsso esercitato dall'arte bizantina sulla Serenissima; un'arte ricca di capolavori di oreficeria, di mosaici risplendenti e che prediligeva i colori vivi e l'oro.

" E' noto come dal Vasari in poi tutti i trattatisti identifichino Firenze con il disegno e Venezia con il colore. Anche se in parte da sfatare, certamente questa semplificazione ha un fondo di verità. Infatti è facile notare come grande e costante fu l'amore dei veneziani per il colore. Non solo gli intonaci esterni delle loro case erano affrescati o dipinti con colori vivaci, come ammiriamo nei teleri di Gentile Bellini e di Carpaccio, e brillanti e contrastati erano i toni dei dipinti con cui ornavano gli interni, ma enormi – secondo la tradizione romana e bizantina – furono il loro apprezzamento e gusto per le pietre e i marmi colorati. Lo furono tanto, che non solamente quelli bianchi venivano spesso dorati e ricoperti da splendide policromature, ma addirittura marmi già di per sé colorati furono dorati e dipinti, come avvenne ad esempio per la Ca' d'Oro, che il pittore Giovanni di Francia decorò " de oro et color" nel 1431...

"Se la scuola veneziana è caratterizzata dal colore, ciò si deve anche alla grande varietà, qualità e quantità di pigmenti e materie coloranti che si trovano sul mercato nel tardo Medioevo e nel Rinascimento a Venezia.

"Questa città, crocevia importantissimo di traffici e di commerci tra Est e Ovest, è sempre stata un punto privilegiato di approvvigionamento anche per quei minerali semipreziosi che arrivavano dal vicino e lontano Oriente, e venivano lavorati e raffinati per poi essere esportati e usati come pigmenti in tutto l'Occidente. Non solo "pietre" colorate giungevano da lontano, ma anche molte sostanze coloranti, che per secoli alimentarono l'arte della tintura dei panni, sempre rigogliosissima a Venezia, e nel '700 della laccatura dei mobili. Sottoprodotto di queste arti erano quelle lacche rosse e violette che hanno contribuito in maniera fondamentale al successo cromatico dei dipinti di scuola veneziana, così ricchi di smalti...Gli anni che vanno dal 1480 al 1580 coprono un arco di tempo del tutto peculiare per la storia della pittura veneziana. Essi comprendono infatti lo svolgersi delle attività della bottega dei Vivarini e dei Bellini, l'affermarsi delle forti personalità del Carpaccio e del Cima, e di quelle innovatrici di Giorgione, di Tiziano, del Lotto e del Pordenone, di Sebastiano del Piombo e di Paolo Veronese..."(2)

Le analisi condotte da Lorenzo Lazzarini nei preliminari di restauro hanno permesso di identificare la vasta gamma di pigmenti usati dai pittori veneziani nel secolo da lui preso in esame e di evidenziare le preferenze dei vari artisti nel campo dei pigmenti e le loro diverse tecniche d'uso del colore. Occorre ricordare che Venezia non era solo il più grande ed importante emporio di materie prime importate: già a partire dalla fine del XV secolo infatti Venezia raffinava e produceva una vasta gamma di pigmenti e sostanze ausiliarie della miglior qualità; agli inizi del '500 erano attivi impianti per la produzione del vermiglione o cinabro artificiale e per la purificazione dell'orpimento; si produceva inoltre lo smaltino, sottoprodotto delle vetrerie di Murano, che viene impiegato in pittura dagli inizi del '500 e che era già precedentemente usato per colorare in blu i vetri e smaltare le ceramiche; la sua invenzione la si fa generalmente risalire ai vetrai italiani del Trecento, ma l'idea potrebbe anche essere giunta dal Vicino Oriente ove i materiali di cobalto erano stati usati dagli Egizi per colorare il vetro e dai popoli dell'antica Mesopotamia per ottenere smalti e pigmenti blu; macinato in polvere troppo fine lo smaltino perde il suo bel colore azzurro cupo e d'altro canto se la polvere è troppo granulosa ne diventa difficile l'uso in pittura; se mescolato ad olio lo smaltino perde notevolmente la sua migliore tonalità; ciò nonostante i pittori veneziani lo usarono moltissimo anche nella pittura ad olio (3); a Venezia si preparavano anche bellissimi verdi a base di resinati di rame preparati con trementina veneta i quali, stesi a smalto, costituiscono il colore di vesti e manti in molti dipinti veneziani; in alcune isole della laguna si produceva la famosa biacca Veneziana, considerata la migliore sul mercato europeo, il giallo di piombo e stagno, il verderame e in particolare le lacche, sottoprodotto dell'industria tintoria: legno brasile (*Caesalpinia* spp.), kermes, grana (Cocciniglia messicana), robbia erano le materie prime per preparare le bellissime lacche rosse e paonazze di manti e vesti nei dipinti del Veronese, Tiziano e Tintoretto; le lacche erano messe in commercio in palline di varie dimensioni, mentre gli altri pigmenti erano venduti in pani in polvere, conservati in vasetti con l'interno in ceramica invetriata. (4)

Venezia era fuor di dubbio il centro europeo più importante per procurarsi ogni tipo di pigmenti fini della miglior qualità e molti artisti vi si recavano appositamente per procurarsi pigmenti altrimenti irreperibili in altri centri, come ad esempio le lacche rosse la cui fabbricazione nel corso del'400 e fino agli inizi del secolo seguente era ancora una novità e Venezia ne aveva praticamente l'esclusiva.

La tavolozza rinascimentale non disponeva che di pochi pigmenti nuovi rispetto a quella medievale, eppure in questo periodo appare una gamma di colori e tonalità mai visti prima; ciò che mette a disposizione dell'artista una così ampia scelta deriva in realtà da un atteggiamento assai diverso dal precedente riguardo il modo di concepire il colore e dall'uso diverso che di conseguenza ne viene fatto, nonché dalla diversa funzione che assume il colore per l'artista rinascimentale per il quale non esistono più le preoccupazioni teologiche del Medioevo e i materiali hanno definitivamente perso ogni loro connotazione simbolica poiché ora scopo dell'artista é rappresentare il mondo in modo naturalistico.

"... le stridenti campiture vermiglie, oro e oltremare del Medioevo erano inaccettabili per un artista il cui pubblico non apprezzava più i pigmenti in quanto tali, e il cui obiettivo era l'armonia di colori piuttosto che un'ostentazione di ricchezza... Uno dei più chiari indicatori del declino del ruolo medievale dei pigmenti come esibizione di opulenza è l'uso dell'oro. La doratura è chiaramente non naturalistica: la foglia d'oro stesa su una superficie piatta non assomiglia affatto a un oggetto tridimensionale...L'abilità dell'artista non derivava dall'apprendimento meccanico di convenzioni stilistiche nella bottega del maestro, ma dallo studio razionale delle leggi e dei princìpi della natura....Lo stile, e non l'abilità tecnica stava diventando la prerogativa più 'vendibile' del pittore".(5)

L'introduzione delle tecniche della pittura ad olio contribuisce a sua volta a superare il vecchio tabù delle mescolanze; i pittori veneziani sono i primi a sperimentare ampiamente le possibilità offerte dalla nuova tecnica usandole per creare colori luminosi e arditi.

Nella pittura ad olio i colori vengono impastati con i cosiddetti oli siccativi che asciugano lentamente formando una pellicola elastica e resistente all'acqua; si tratta principalmente di olio di lino, di noce e di papavero, già conosciuti ed usati nell'antichità e nel Medioevo; tuttavia fu solo nel '400 che, grazie al pittore fiammingo Van Eyck, questa tecnica fu perfezionata al massimo.

" Van Eyck si rese conto che il procedimento di velatura aveva un enorme valore per l'artista che, con tecnica giudiziosa e pazienza, poteva ottenere colori profondi, ricchi e stabili, mai eguagliabili dalla sola tempera d'uovo. Egli trasformò la velatura da tecnica decorativa artigianale a metodo idoneo ai dipinti più raffinati. La tecnica di Van Eyck consisteva nello stendere gli oli su un fondo a tempera, combinando l'asciugatura rapida di quest'ultima con il ricco splendore e le possibilità di mescolanze offerte dai primi. Sarebbe quindi sbagliato immaginare che i pittori gettassero alle ortiche i loro metodi a tempera in favore del nuovo strumento: i due coesistettero per molto tempo, e sono molto adatti a questo connubio.

" La velatura si comporta come una specie di filtro colorato: un velo di lacca rossa steso su un fondo blu, lo trasforma in un ricco porpora. Sovrapponendo con cura vari strati di velature all'olio, Van Eyck ottenne colori saturi simili a gioielli, che oggi appaiono sensuali come dovevano essere allora. E' difficile immaginare che la sua *Madonna del canonico Van der Paele*, 1436, (Museo Groeninge, Bruges) sia mai stata più ricca di quanto è adesso, e la favolosa cromaticità del suo *I coniugi Arnolfini*, 1434, (National Gallert, Londra) la rende una delle opere più ammirate dell'arte occidentale; l'uso sapiente del verdigris conferisce all'abito della sposa un verde saturo e denso di rara bellezza.

"Gli Italiani stavano già sperimentando gli oli all'inizio del Quattrocento; entro la fine del secolo, erano diventati il loro mezzo predominante. I colori ad olio hanno anche altri vantaggi che ne aumentarono la popolarità. Nell'olio, ogni particella di pigmento è 'isolata' da uno strato di fluido, per cui i pigmenti che reagiscono chimicamente tra loro nella tempera possono essere combinati in modo stabile nell'olio. Il pittore poteva quindi essere meno esitante nel preparare complessi amalgami di pigmenti sulla tavolozza. E il fatto che la tinta asciughi lentamente è un vantaggio per il pittore naturalistico, perché offre la possibilità di mescolare i toni e sfumare i contorni sulla tela...Così i contorni netti caratteristici dei lavori a tempera cedettero ai nuovi stili, man mano che gli oli incoraggiavano il pittore a misurarsi fisicamente coi suoi materiali; verso la fine della sua vita, Tiziano fu descritto da un commentatore coevo come uno che dipingeva < più con le dita che con i pennelli>....Ma cambiare il mezzo fa cambiare inevitabilmente la cassetta dei colori. Gli oli, come qualsiasi altro agglutinante, non trasportano i pigmenti crudi senza modificarne l'aspetto. Poiché l'indice di rifrazione degli oli è diverso da quello del tuorlo d'uovo, i pigmenti non mantengono necessariamente lo stesso colore in entrambi: nell'olio l'oltremare è più nero che nella tempera d'uovo; il ricco colore blu si può ripristinare mescolandolo con un po' di biacca. Di fronte a questo insulto alla sua purezza, l'oltremare poteva con difficoltà mantenere intatto il fascino che esercitava nel Medioevo. Analogamente, il vermiglione – il rosso gioiello medievale – appare meno vibrante nell'olio e gli erano preferite le lacche rosse. Il basso indice di rifrazione della malachite verde la rende piuttosto trasparente in olio, e il suo uso declinò; anche il verderame ha gli stessi inconvenienti e veniva quindi normalmente mescolato con biacca o giallo di piombo/stagno per restituirgli capacità coprente. Un verde alternativo, il resinato di rame, un sale di rame di resine acide, divenne popolare attorno alla metà del XV secolo. Il resinato di rame era ottenuto dal verderame, in genere combinando quest'ultimo con la trementina estratta dai pini....Il resinato di rame è una specie di termine generico per una gran varietà di miscele di sali verdi di rame e resine...Questo nuovo verde fu usato con entusiasmo per tutto il tardo XV e XVI secolo, in particolar modo da Giovanni Bellini, Raffaello, Gérard David, Tintoretto e Paolo Veronese. Ma il fatto che poco dopo sia scomparso può rivelare che il suo tallone d'Achille si fosse già manifestato: il resinato di rame (almeno in alcuni composti) scurisce rapidamente diventando marrone.

"E' immaginabile che l'aspirazione umanistica di riprodurre i colori della natura suscitasse una maggiore richiesta di verdi che di qualsiasi altro colore. Gli artisti superarono l'abituale riluttanza a mescolare le tinte, per creare una vasta gamma di verdi dagli azzurri e dai gialli: perfino il prezioso oltremare fu utilizzato a questo scopo."(6)

Il passaggio dall'uso della tempera alla tecnica ad olio nella pittura veneziana fu sia un sintomo quanto una causa del mutato atteggiamento verso la luce e il colore. Fu Giovanni Bellini a introdurre la nuova tecnica a Venezia; quando dipinse la sua *Incoronazione della Vergine* (1471-74) (Musei Civici, Pesaro) per la chiesa di San Francesco a Pesaro egli usava già da tempo prevalentemente la tecnica ad olio. La scelta dei pigmenti non era comunque cambiata: bianco di piombo, oltremare naturale, azzurrite, vermiglione, lacche, verdeterra e resinato di rame, giallo di piombo e stagno, ocra gialla e altre terre colorate. Il cambiamento del mezzo legante può tuttavia alterare la tonalità o il grado di trasparenza dei colori; Bellini ne era ben conscio e fu particolarmente attento: sopra lo strato liscio di gesso fine applicò un sottile strato di colla animale per impedire all'olio di essere assorbito dal gesso. Il sottofondo di biacca venne applicato selettivamente, solo nelle zone di colore alle quali voleva conferire una particolare luminosità. I blu, in alcuni casi, furono stesi su un previo sottofondo di azzurrite, con lo strato finale costituito principalmente da oltremare, e quasi sempre miscelato a biacca. Talvolta Bellini mescolava all'oltremare piccoli quantitativi di smaltino, un pigmento che consiste di granuli fini di vetro di potassio nel quale il colorante è il cobalto. Dato che lo smalto é un prodotto dell'industria del vetro, e che fu raramente usato in pittura prima del XVI secolo, il suo impiego da parte del Bellini può essere indicativo di un interesse specifico dell'artista per le tecniche e i materiali impiegati per fabbricare il vetro a Murano e per smaltarlo. Il colore blu intenso era ancora oggetto di ammirazione all'inizio del '400; aggiungere bianco al blu è certamente assai indicativo della svolta dalla visione medievale del colore a quella dell'inizio dell'evo moderno. Giovanni Bellini capì ben presto la differente reazione del blu usato con oli siccativi rispetto alla tempera: in quest'ultima, come nell'affresco, l'aggiunta di bianco alla polvere d'oltremare riduceva la saturazione del colore, ragion per cui, dato l'alto costo del pigmento ed il pregio della sua tipica tonalità intensa blu-viola, tale aggiunta era da evitarsi; al contrario, nella tecnica ad olio, una piccola aggiunta di biacca aumentava l'intensità del blu. I pigmenti blu, sia che si tratti di azzurrite od oltremare e, nel XV secolo, smaltino, schiarivano il loro colore se polverizzati troppo finemente, mentre, d'altro canto, particelle di polvere più grosse richiedevano un quantitativo troppo grande di olio, senza perciò amalgamarsi bene al legante ed asciugarsi nel dovuto modo: l'aggiunta di bianco di piombo, specialmente nel caso dell'oltremare, risolveva questi problemi. Naturalmente esistono blu chiari anche in dipinti anteriori agli anni settanta del '400, ma spesso con un passaggio netto dalla tonalità più chiara a quella più scura. Solo quando fu superata la tenace riluttanza a mescolare l'oltremare al bianco fu possibile scoprire un'intera gamma di blu e azzurri con diverse gradazioni di luminosità; solo allora i pittori ebbero gli strumenti per ricreare i delicati blu chiari che avevano conferito una freschezza naturale ad alcuni dei mosaici del XIII secolo nell'atrio di San Marco. Il blu del XV secolo si allontanava sempre più dal colore del cielo stellato per riflettere sempre più le tonalità mutevoli del cielo diurno.(7)

I Veneziani furono i primi anche nell'usare le tele come principale supporto per i loro dipinti sia per la pittura su cavalletto che per opere di grandi dimensioni. Nel '500 dipingere su vaste tele era l'equivalente veneziano delle pitture murali in interni. Ciò che in origine spinse alla ricerca di una alternativa all'affresco dovette essere con tutta probabilità la salinità dell'aria che rendeva l'affresco particolarmente vulnerabile per la forte presenza di sale nelle pareti.

Ogni artista creò ed usò il colore secondo tecniche diverse ed estremamente personali; Bellini otteneva la tonalità finale con una serie di pochi strati sottili di colori in una sequenza prevedibile; Tiziano stese fino a venti velature per ottenere l'esatto effetto ottico della lavorazione del tessuto e dell'incarnato; "la materia pittorica giorgionesca è composta dall'accoppiamento di smalti e pigmenti trasparentissimi ad altri opachi, per ottenere effetti cromatici con sfumature variatissime: basti pensare alle tonalità del verde presenti nella 'Tempesta'…Tiziano è certamente colui che tra i primi capì e applicò l'innovazione tecnica giorgionesca, che anzi perfezionò e portò all'estremo limite della complessità. Il suo modo di lavorare sulla tela, sovrapponendo colore su colore in una continua ricerca del giusto tono cromatico portata avanti senza risparmio di materia, anche dei pigmenti più costosi, è quasi una costante della sua pittura. Tiziano dipinge sempre con un notevole numero di pennellate, caratterizzate da complicate miscele di pigmenti, sia nelle opere giovanili, che in quelle della maturità e della vecchiaia...La tavolozza impiegata da Tiziano è sempre ricchissima, e magistrale appare l'accostamento cromatico. Numerose sono le sue peculiarità tecniche. Ad esempio si incontrano frequentemente dei celesti chiari e dei rosa ottenuti macinando finissimamente l'oltremare e il cinabro o le lacche rosse. Delle miscele del tutto insolite come cinabro-bitume per l'ottenimento dei toni bruno-rossastri sembrano essere una costante"(8)

I pittori veneziani dedicarono particolare attenzione oltre che al colore anche alla struttura compositiva dei tessuti e seppero riprodurre con incredibile realismo e perfezione i magnifici abiti in seta prodotti e indossati a Venezia. Tiziano dedicò particolare cura e studio nella resa del nero; scoprì ben presto che il colore ad olio poteva offrire risultati in grado di rivaleggiare con il gioco cromatico del velluto stesso; Tiziano divenne così il maestro del nero; ovviamente il metodo dell'artista per creare i neri differiva da quello di un tintore. Nel *polittico Averoldi* firmato da Tiziano nel 1522, le analisi condotte dal Lazzarini sull'abito nero indossato nel dipinto dall'arcivescovo Averoldi hanno rivelato la seguente stratificazione: su un supporto in legno e su un sottofondo in gesso e colla è stato steso un primo strato di biacca sfumata in grigio con nerofumo; seguono uno strato di Siena bruciata e biacca con un po' di vermiglione ; un film di olio siccativo; uno strato marrone rossiccio di Siena bruciata con vermiglione e un po' di biacca; uno spesso strato marrone di nerofumo, vermiglione e un po' di lacca viola scuro; uno strato di nerofumo con un po' di biacca ed alcuni granuli di azzurrite; un sottile strato di nerofumo con un po' di vermiglione e biacca; uno strato blu scuro di azzurrite miscelata con lacca blu-viola scuro; una velatura di lacca viola scuro; infine la verniciatura. Tiziano passa da miscele di colore caldo comprendenti vermiglione e ocre negli strati inferiori a miscele di colori freddi comprendenti azzurrite e lacca violetta negli strati finali.(9)

"Tiziano usa il colore come mezzo costruttivo: non per scopi decorativi o simbolici, ma come vero e proprio mezzo di espressione artistica. I suoi quadri sono composti e unificati col colore...La sua opera più famosa, *Bacco e Arianna* (1552) (National Gallery, Londra) comprende quasi ogni pigmento noto agli inizi del XVI secolo: i verdi sono malachite, terra verde, verderame e resinato di rame; l'oltremare è usato generosamente, non solo nella veste di Arianna, ma anche nello straordinario cielo, nelle colline in lontananza e perfino nelle ombreggiature di alcuni toni carnicini. Il velo di Arianna è dipinto col vermiglione: la sua forte capacità coprente è qui necessaria per creare contrasto con il blu della veste; Tiziano ha conferito maggior brillantezza stendendo un velo sottile di pigmento più scuro, macinato grosso, sopra uno spesso strato macinato più fine. Questi tocchi rivelano chiaramente che il pittore sapeva come ricavare il meglio dai suoi materiali. La veste arancio del suonatore di cembalo nel corteo di Bacco è insolitamente vivida, poiché qui il pittore si è valso della disponibilità di realgar offerta dal mercato veneziano"(10)

L'uso del realgar, quasi sempre associato all'orpimento, è una caratteristica della pittura veneziana del rinascimento; nelle pale d'altare i toni arancioni e gialli della maggior parte dei manti e delle vesti dei santi sono ottenuti con realgar e orpimento, spesso miscelati; l'orpimento è sicuramente il giallo usato con maggior frequenza. Il Vivarini lo usa moltissimo anche per le vesti dei santi, il Bellini lo miscela spesso ad altri pigmenti gialli rafforzandone l'effetto e ottenendo quel suo personale tono di giallo detto per questo 'giallo Bellini'; nell'Incoronazione della Vergine usa ben quattro varietà di pigmenti gialli: orpimento, giallo di piombo e stagno, ocra gialla e lacca gialla, quasi certamente preparata con la Reseda. Verso la fine del '400 l'orpimento, sfumato dalla tonalità aranciata del realgar, viene sfruttato per conferire a vesti e tessuti d'arredo colori forti, brillanti di riflessi ramati. Nella *Madonna dell'arancio* (1496-1498) (Gallerie dell'Accademia, Venezia) dipinta da Cima da Conegliano , l'interno del manto della Madonna è uno dei primi esempi di orpimento sfumato con realgar per dare al tessuto una tinta giallo-arancio identica a quella dei frutti dell'albero. E' in questo periodo che l'arancione acquista valore come colore a se stante e ben definito, non più soltanto una gradazione del giallo; il suo emergere come colore ora ben distinto dal giallo è particolarmente evidente nella maiolica a partire da circa il 1470 in poi; nella maiolica il giallo è ottenuto da antimonio, l'arancio da antimonio e ferro; dopo il 1500, si nota la tendenza ad aumentare la quantità del ferro per creare intensi e vivi toni aranciati.

Una prova esemplare della potenza cromatica e della capacità contrastiva che l'arancio e il castano ramato possono avere nell'affresco ci è offerta da Michelangelo nel *Tondo Doni* (Uffizi, Firenze) e nella volta della Cappella Sistina.

L'emergere dell'arancio, del castano ramato, del marrone come colori distinti ha luogo nello stesso momento in cui anche il violetto, il viola melanzana e il porpora iniziano ad assumere una fisionomia propria ben distinta dal blu e dal rosso.(11)

"Bellini usa più di ogni altro suo contemporaneo i viola, ottenuti mescolando oltremare e lacca rossa, o utilizzando direttamente delle lacche violacee."(12)

Il fascino esercitato da questi colori ben si nota in Tiziano quando nel 1510 dipinge la *Sacra Famiglia e il Pastore* (National Gallery, Londra): le vesti di Giuseppe anziché nel solito tono giallo sono dipinte in vivido castano ramato e viola. L'attrazione che i pittori veneziani avvertono per colori generalmente trascurati o evitati altrove risente indubbiamente dell'influenza esercitata dal mosaico e dall'arte greca; nel tardo '400 Venezia importa un considerevole numero di icone da Creta; in questi dipinti la gamma dei colori - viola cannella, rosso scuro, blu e ocra – sono più vicini alla profonda armonia della pittura trecentesca di Paolo Veneziano che non al rosa e al blu di Jacopo Bellini ed Antonio Vivarini un secolo più tardi. Le Madonne italiane del '400, che siano fiorentine o veneziane, generalmente indossano un abito rosso ed un manto blu; le icone cretesi offrivano un modello alternativo: in esse le Madonne indossano per lo più un abito blu ed un manto color marrone violaceo. I pittori veneziani non sono né i primi né i soli ad usare toni marroni, ma hanno una posizione preminente nel dimostrare la ricchezza potenziale del marrone come colore; indubbiamente i mosaici di San Marco costituirono un esempio mirabile con la loro vasta gamma di tonalità marroni, sabbia e beige ed il gioco continuo di luce creato dal contrasto tra un colore luminoso e brillante ed uno scuro. Ispirandosi ai mosaicisti, i pittori veneziani da Paolo Veneziano in avanti usarono meno verde e più marrone e rosso per gli incarnati di quanto fecero i pittori toscani. Inoltre l'influsso delle icone greche del tardo '400 con il loro solenne marrone viola per il manto della Madonna possono aver contribuito a ridestare l'interesse dei veneziani per le tonalità del marrone in virtù della loro somiglianza con il più imperiale ed indefinibile dei colori, il porpora.(13)

I pittori veneziani fecero anche largo uso di una vasta gamma di sostanze tintorie; esse sono purtroppo facilmente deperibili nel tempo; già il Cennini metteva in guardia dall'usarle proprio per la loro scarsa stabilità all'aria e alla luce; ma il risultato a breve era eccellente e la fiorente industria tintoria veneziana poteva offrine d'ogni tipo; nonostante siano difficili da individuare nelle analisi di laboratorio, è certa tuttavia la loro presenza nei dipinti dei più noti artisti del tempo. Le lacche, ottenute come già sappiamo facendo precipitare in allume le sostanze coloranti, quando non erano miscelate ad altri pigmenti venivano stese in velo sottile per modificare un colore; così la lacca gialla, tanto usata ad esempio da Giovanni Bellini, era stesa sull'azzurrite per ottenere un tono di verde; con un sottile film di lacca rossa, generalmente lacca di kermes, si otteneva invece un tono di viola.(14)

La tecnica della velatura viene impiegata dai pittori con l'invenzione della pittura ad olio. Veniva applicata come un film oleoso di colore trasparente su uno strato di colore opaco già asciutto; si crea così una miscela ottica tra i due strati di pittura ed un effetto di luce simile a quello di un vetro colorato che non sarebbe ottenibile miscelando direttamente i colori. Con la velatura si può variare la saturazione, la luminosità, la tinta e la consistenza di una superficie; il suo uso rispondeva a due principali motivazioni: i pittori del tempo non disponevano dei pigmenti brillanti che saranno disponibili qualche secolo più avanti; inoltre la velatura creava quella straordinaria luminosità impossibile da ottenere altrimenti. Solo poche materie coloranti trasparenti sono adatte per la velatura; i principali pigmenti usati tradizionalmente per la velatura erano lacca di robbia, kermes e cocciniglia, l'oltremare naturale, il verdigris, l'indaco e varie lacche gialle organiche. I colori brillanti e saturi di drappi ed abiti in seta erano quasi sempre velati Una possibilità in più che offre la velatura è quella di poter ottenere molte più gradazioni di uno stesso colore perché sovrapponendo più velature si può gradualmente giungere al tono preferito mentre sovrapponendo velature di colore diverso si possono ottenere infinite gamme di colori intermedi non ottenibili partendo direttamente dai pigmenti.

Tiziano resta maestro insuperabile nell'uso della velatura per ottenere gli effetti di colore, luce e consistenza che desiderava

Molti grandi pittori che seguirono, tra questi Rubens e Van Dyck, studiarono a fondo i suoi dipinti e cercarono di comprendere la tecnica che gli permetteva di rendere in modo così stupefacente le caratteristiche degli abiti di seta, dai corposi velluti cremisi alle fluenti vesti di satin.

Tiziano applica spesso sottili strati di colore traslucido su altri di colore opaco e già asciutto, in tal modo i due colori assumevano una intensità e vividezza molto differenti dagli effetti ottenuti da una semplice mescolanza dei due, in quanto la luce filtra attraverso la velatura trasparente e si riflette sul colore sottostante, dando così all'oggetto dipinto un carattere quasi tridimensionale.

Veronese (1528-1588) è famoso anche per i suoi verdi intensi e brillanti del quale un esempio ben noto è l'abito in seta verde del maggiordomo nel dipinto *Convito in casa di Levi* , 1573 (Gallerie dell'Accademia, Venezia). Analisi condotte su alcuni dei suoi dipinti rivelano che i verdi più forti e brillanti risultano da velature di resinato di rame su solidi substrati di verdigris miscelato a giallo di piombo/stagno e bianco di piombo o verdigris miscelato a malachite come nel caso dello scialle verde intenso dell'uomo in *Respect, Allegory of Love*, 1575, alla National Gallery di Londra. In altri casi la velatura è di verdigris su un substrato di malachite, verdigris e bianco di piombo.(15)

I 'vendecolori' di Venezia

La tavolozza dei maestri veneziani poteva anche avvantaggiarsi di materiali innovativi che i pittori trovavano disponibili nelle botteghe dei 'vendecolori'; tali botteghe, alle quali affluivano artigiani ed artisti di ogni settore, diventavano luogo di curiosità e scambi di conoscenze interdisciplinari.

Le ricerche d'archivio condotte da Barbara Berry e Louisa Matthew hanno rivelato la presenza a Venezia, a partire dalla fine del Quattrocento, di numerosi 'vendecolori', ovvero venditori specializzati nella preparazione di colori per le arti: veri professionisti del colore che nulla avevano a che fare con gli speziali o i mercanti di colori di altre città.

Dalla lista delle merci presenti nelle loro botteghe risulta chiaro che i 'vendecolori' rifornivano una larga fascia di artisti: pittori, tintori, mastri vetrai, ceramisti; le loro botteghe dovettero sicuramente essere un luogo di incontro e di scambio di idee fra artisti di diverse arti, dando inevitabilmente impulso ad idee innovative e sperimentazioni nelle scelte e nelle tecniche d'uso dei tanti materiali disponibili.

Tale considerazione ha indotto gli esperti della National Gallery di Washington, in collaborazione con quella di Londra, a riesaminare un serie di campioni già repertati appartenenti ai grandi maestri veneti. L'ipotesi di una tavolozza veneziana altamente innovativa ed allargata rispetto ai materiali tradizionali si è rivelata giusta. (16)

Le analisi hanno rivelato un ampio uso di materiali che sino ad allora erano stati usati soltanto da artigiani e artisti di altri settori. Nel libro dei conti di Lorenzo Lotto vi é l'annotazione per l'acquisto di' zalolin da vazari' (giallo per vasai) il cui nome suggerisce una fritta o uno smalto vitreo parzialmente fuso, del tipo di quello usato dagli artigiani che dipingevano vetro e ceramica

Per ottenere speciali effetti di luminosità e brillantezza, i pittori veneziani usavano materiali non specificatamente designati per la pittura ad olio; si è visto che facevano un uso maggiore di quanto non si pensasse prima di sostanze vetrose, tra le quali appaiono fritte e coloranti destinati alla pittura su vetro e maiolica, inoltre polvere di vetro, smalto blu e uno smalto vetroso giallo ottenuto da particelle di ossido di piombo e stagno sospese in una massa trasparente e vitrea; questo pigmento è ampiamente usato da Jacopo Tintoretto nel dipinto *Cristo presso il mare di Galilea* (1575-80) (National Gallery, Washington) ; lo smalto verde del dipinto è probabilmente una miscela di blu di vetro e giallo di vetro; quest'ultimo è, secondo la moderna terminologia, giallo di piombo/stagno tipo II , prodotto riscaldando piombo e stagno con l'aggiunta di silicio a 900-950°C; il risultato della fusione era un pigmento vetroso giallo che veniva polverizzato e vagliato attraverso una rete fittissima. Il giallo di piombo /stagno tipo I si ottiene riscaldando una miscela di ossido di piombo e diossido di stagno a temperature di 650-800°C . (17)

Il tipo II, nonostante la terminologia fuorviante, ha una storia più antica del tipo I; usato in Europa già nel XII secolo, viene gradualmente sostituito dal tipo I nel secondo quarto del XV secolo; fa eccezione Venezia dove l'uso di entrambi i tipi è attestato per tutto il Cinquecento; legato alla produzione di vetro giallo, lo troviamo ampiamente testimoniato in Boemia e a Firenze per tutto il corso del Trecento, periodo nel quale era in atto anche nel capoluogo toscano una produzione di bicchieri e bottiglie soprattutto in vetro giallo e verde. In pittura ne troviamo ampia testimonianza nei dipinti su tavola di Nardo e Jacopo di Cione che ce ne dà un bellissimo esempio nel luminoso drappo giallo della veste di San Pietro in uno dei 12 pannelli principali, oggi alla National Gallery di Londra, della *Pala d'altare per San Pier Maggiore a Firenze* (1370-71). Nel corso del Quattrocento invece il tipo II scompare dalla tavolozza della scuola fiorentina nella quale si fa uso soltanto del tipo I, probabilmente introdotto in Italia dal nord Europa nel XV secolo- una delle sue prime denominazioni è 'giallo tedesco'- e legato alla tecnologia per la produzione di smalti gialli e bianchi per la ceramica. (18)

8) ANTWERP, IL GRANDE MERCATO D'ARTE DEL NORD

Durante il XVI secolo Antwerp, odierna Anversa, diventa uno dei mercati d'arte più importanti e all'avanguardia in Europa: Jan Gossaert, Bruegel il Vecchio, Frans Floris, Maarten de Vos sono solo alcuni dei più famosi rappresentanti della comunità dei pittori. Nel 1505 vi erano già 100 laboratori d'arte operanti in città, un numero che sarebbe costantemente cresciuto nelle decadi successive, una situazione senza uguali in nessun altra città europea ad accezione di Roma. Questa esplosione del mercato delle arti così come di altre attività legate all'industria dei beni di lusso è da collegare alla posizione assunta da Antwerp come primario sbocco commerciale a nord delle Alpi:i mercanti inglesi cominciarono ad usare Antwerp come passaggio verso Est per facilitare l'esportazione delle loro lane, i Portoghesi vi sbarcavano le merci delle colonie da ridistribuire nel resto d'Europa, e dalla Germania meridionale vi giungevano commercianti carichi d'argento per acquistare spezie e tessuti; il porto di Antwerp si trovava quindi in una posizione quanto mai adatta allo sviluppo di industrie di lusso quali la tessitura degli arazzi, il taglio dei diamanti, la tessitura della seta, la lavorazione di raffinati vetri, attirando un numero sempre più alto di artigiani ed artisti da altre città. Una novità esclusiva di Antwerp era poi l'esposizione dei lavori d'arte in appositi padiglioni lungo uno dei tanti docks dell'immenso porto. A metà del '500 non meno di 100 banchi di vendita era stati trasformati in negozi dove i lavori erano messi in esposizione e venduti ad una clientela soprattutto internazionale; era un mercato d'arte nel quale la maggior parte dei pittori, a differenza di ciò che accadeva altrove, non producevano su commissione, ma di propria iniziativa, cercando di anticipare la domanda. Era un ambiente fertile per un rapido sviluppo di manifatture di pigmenti e di rivenditori altamente specializzati. Tra i vari pigmenti prodotti, biacca, smaltino, giallo di piombo-stagno, il vermiglione, inviato soprattutto in Francia, era quello più accreditato, vero orgoglio di Antwerp, al punto che in un trattato del XVII secolo l'autore, Théodore Turquet de Mayerne, dichiara che un uomo di Antwerp "riesce a fare il vermiglione tre volte più rosso del normale" (1)

Ed è ad Antwerp che apre il suo studio Rubens, il grande erede barocco di Tiziano; in quello stesso studio entrerà e si formerà un giovanissimo van Dyck che, come Rubens, assimilerà la lezione di Tiziano rinunciando tuttavia agli accenti coloristici del maestro veneto.

Rubens durante il lungo soggiorno in Italia resta ammaliato dalla tecnica e dal colore dei grandi maestri veneti, ma è soprattutto la lezione di Tiziano che lascerà un' impronta indelebile sulla sua pittura. Esegue copie di molti suoi dipinti, ne studia a fondo l'uso del colore e la straordinaria capacità di trasferire sulla tela la luce, la morbidezza e l'effetto cangiante dei drappi serici

Durante il loro soggiorno a Genova, Rubens e, a distanza di pochi anni, van Dyck sono chiamati a ritrarre molti degli appartenenti alle famiglie più in vista e a tramandarne l'immagine: volti dai quali sempre emana quell'austerità regale che deriva loro dal consapevole prestigio conferitogli dal potere.

In Italia i due artisti studiano a fondo i più grandi pittori italiani del Cinquecento, in particolare Tiziano, Veronese, Tintoretto, eccelsi maestri nel rendere la consistenza ed i giochi di luce dei tessuti di seta indossati dai personaggi da loro ritratti.

Rubens parte per l'Italia nel 1600 e vi soggiorna per otto anni; a Genova rimane colpito dalla magnificenza e dalla grandezza dei palazzi nobiliari, nelle cui stanze immense possono ben figurare solo ritratti a grandezza naturale.

All'epoca il ritratto costituisce l'unico mezzo per lasciare una memoria visiva di sé ed assume quindi un ruolo celebrativo di primaria importanza: il tipo di composizione, l'inserimento del personaggio in un contesto aulico e gli abiti dei personaggi trasmettono con immediatezza l'idea della ricchezza e del potere; l'abbigliamento è il mezzo più immediato e potente per trasmettere nella vita come nel ritratto il proprio status sociale; consapevole del messaggio trasmesso dalle vesti, gli uomini della nobiltà genovese si fanno *sempre* ritrarre nelle vesti ufficiali proprie della carica ricoperta e le nobildonne nella loro veste più ricca.

Nel 1606 Rubens esegue il ritratto della marchesa *Brigida Spinola Doria* (National Gallery, Washington) un anno dopo le sue nozze e l'abito che indossa potrebbe essere il suo stesso abito da sposa; la lucentezza dell'argenteo satin è resa grazie alla stesura di più strati sottili di vernice luminosa e trasparente, ulteriormente illuminata ed esaltata da lumeggiature eseguite a mano libera con densi colpi di pennello. Rubens unisce questa tecnica che privilegia la libertà del colore sulla linearità del disegno, secondo ciò che ha appreso dallo studio dei maestri veneziani, alla tradizione tipicamente fiamminga dell'amore per il dettaglio, ben visibile nei drappeggi della tenda di seta rossa, nella gorgiera di merletto, nei ricami in fili d'oro, nella pettinatura e nei tratti del volto della nobildonna.

"Entrambe le versioni di Rubens del *Giudizio di Paride* (1600 ca. e 1635-37) (Museo del Prado) mostrano un influsso veneto nell'uso dei colori primari: giallo brillante nei panneggi e nelle luci celesti, blu intensi nel cielo, rossi brillanti negli incarnati e negli abiti.

"Rubens otteneva i suoi colori puri e luminosi applicando il pigmento su fondi bianchi, invece di usare i bruni rossicci spenti o i grigi, tipici del suo tempo; il quadro in cui ciò appare con maggiore evidenza è il *Sansone e Dalila*,1609 ca. (National Gallery, Londra), in cui il colore crudo riempie la tela. L'abito rosso di Dalila, che accresce la carica erotica della scena, è dipinto con lacca cremisi praticamente pura, ravvivata da tocchi di vermiglione e lumeggiata con biacca."(2)

La tavolozza che Rubens usa per questo dipinto è composta da:
Bianco di piombo
Nero di carbone, nelle ombre più profonde del drappo purpureo
Nero d'ossa o d'avorio nei motivi in nero del tappeto
Ocre, spesso miscelate ad altri pigmenti, nelle sfumature rosse, marroni e gialle
Ocra gialla nel mezzo tono del vestito di Dalila
Terra d'ombra nella velatura tendente al marrone del vestito della donna anziana; il manganese rivela la presenza di terra d'ombra che è usata non solo per le sue proprietà coloranti ma anche come agente siccativo per sveltire il processo di asciugatura dell'olio.

Tra i pigmenti più colorati il più cospicuo come presenza è la lacca pigmento cremisi del vestito di satin di Dalila dove è presente da sola nella velatura e mista a vermiglione nello strato di colore opaco sottostante. Per il vestito di Dalila si tratta probabilmente di lacca di kermes, mentre nel drappo è stata usata una lacca di origine vegetale, con tutta probabilità lacca di robbia. Le lacche si trovano in miscela in altre parti del dipinto, specialmente nel traslucido marrone rossiccio dell'architettura di sfondo.

Vermiglione, miscelato a lacca rossa, per il tappeto
Giallo di piombo stagno nelle parti più luminose del vestito di Dalila, misto a bianco di piombo nella fiamma della candela

Il colore viola porpora del drappo che pende dal soffitto non è stato realizzato, come ci si aspetterebbe, da un combinazione di rosso e blu ma da una combinazione di una lacca pigmento cremisi, bianco di piombo e da grossolana fuliggine di nero di carbone. In effetti la fuliggine di carbone misto a bianco dà un colore chiaramente bluastro. (3)

L'abilità di Rubens nel trasferire sui dipinti i riflessi di luce e la morbida consistenza della seta sarà perpetrata nella ritrattistica di van Dyck, suo amico ed allievo prediletto.

Per riprodurre magistralmente i velluti di seta genovesi e i satin indossati alla corte di Carlo I d'Inghilterra, dove è chiamato in qualità di pittore ufficiale, van Dyck si avvale delle tecniche tizianesche, apprese durante il suo soggiorno di studio in Italia.

La tavolozza di van Dyck è tuttavia alquanto diversa da quella dei suoi grandi maestri, Rubens e Tiziano, segno di un'epoca con gusti diversi e di una nuova estetica.

9) LUCI ED OMBRE DEL BAROCCO

"Il periodo barocco rappresenta una strana fase nella storia della creazione del colore e del suo uso nell'arte. I pittori del tardo XVI e XVII secolo non apprezzavano la novità, quanto la sobrietà e il controllo nella scelta dei colori. All'alba del XVII secolo, le perorazioni di Giorgio Vasari e degli eruditi delle accademie italiane avevano largamente assicurato la superiorità del disegno sul colore. L'autorevolezza di questa linea si diffuse ben presto in Francia e la tavolozza misurata e un tenue chiaroscuro divennero lo stile predominante dell'arte europea." (1)

Ma non fu soltanto l'influenza di dettami accademici a far rifuggire gli artisti dal colorismo e dalla brillantezza cromatica del Rinascimento; i pittori del tardo Cinquecento e del primo Seicento lavorarono in un contesto sociale dominato dall'intolleranza e dall'autoritarismo della Controriforma.

"La Chiesa, vedendo la propria autorità minata dal razionalismo umanista, serrò i ranghi e impose un corpus di valori teologici simile a quello del medioevo...I reazionari ecclesiastici erano abbastanza sofisticati da capire che l'arte è un potente strumento di propaganda: le immagini – il testo potenziale di una "bibbia degli analfabeti"- parlano agli incolti, quando non ci riescono le parole. Al Concilio di Trento che aprì i suoi lavori riguardo la politica della Chiesa nel 1545, fu decretato, con una laboriosa codificazione, che l'arte religiosa dovesse raffigurare le cose in modo inequivocabile: tutti gli angeli devono avere le ali, tutti i santi le aureole; se la loro identità non è esplicita, devono avere etichette, a dispetto di qualunque esigenza di realismo o di estetica....Coloro che continuavano a tener vivo l'umanesimo del Rinascimento rischiavano la censura se non peggio. Nel 1573, Paolo Veronese (ca.1528-1588) fu costretto a difendere 'La cena in casa di Levi' davanti all'Inquisizione che pretendeva di sapere perché l'opera contenesse figure non menzionate nella Bibbia; egli confessò ingenuamente che erano lì per riempire lo spazio (e ce n'era tantissimo), e tuttavia gli fu ordinato di rifare il quadro." (2)

L'accorta strategia propagandistica dei Gesuiti seppe far leva sul cuore degli uomini attraverso l'emozione estatica: i pittori lavoravano in un ambiente soffocato dalla nuova intolleranza religiosa, ma riscaldato da devota passione.(3)

Riforma e Controriforma inducono a servirsi di una tavolozza composta da colori austeri e del contrasto di luce e tenebre che nelle mani dei grandi artisti porta sulla tela effetti altamente drammatici.

Il Pastoreau individua alcune caratteristiche dominanti e ricorrenti che danno alla tavolozza dei pittori protestanti "... un'autentica specificità cromatica: sobrietà generale, antipatia per l'accozzaglia di colori, tinte scure, effetti di grisaglia, giochi di monocromia (soprattutto nella gamma dei grigi e dei blu), ricerca del colore locale, fuga da tutto ciò che aggredisce l'occhio trasgredendo l'economia cromatica del quadro con rotture di tonalità. In parecchi pittori calvinisti si può persin parlare di un vero puritanesimo del colore, tanto questi principi vengono applicati in maniera radicale. E' per esempio il caso di Rembrandt (1606-1669), che pratica spesso una sorta di ascesi del colore basata su toni cupi, poco numerosi (al punto che lo si è talvolta accusato di monocromia), trattenuti, per lasciare il posto a potenti effetti di luce e di vibrazione. Da questa tavolozza così particolare si sprigionano una forte musicalità e un'innegabile intensità spirituale." (4) E sempre a proposito di Rembrandt scrive il Ball:" La sua tavolozza limitata esclude parecchi dei pigmenti più vivaci disponibili all'epoca; i suoi neri (nerofumo e nero animale) e marroni (compresa la terra di Colonia, come si sarebbe chiamata allora) sono affiancati dalla maggior parte delle terre: ocre, terre di Siena e terre d'ombra; le sue lacche rosse erano principalmente robbia e cocciniglia; usava con parsimonia anche gli azzurri, soprattutto smaltino, ma a volte azzurrite…; il suo giallo prevalente era quello di piombo/stagno, che non è mai stato il più vivace dei colori….ma questa tavolozza così povera presentava dei vantaggi, perché consisteva per lo più di colori affidabili, stabili, che sono invecchiati bene. Non si è trattato solo di fortuna: Rembrandt sapeva quali materiali sarebbero durati nel tempo e come combinarli senza inconvenienti…" (5)

"…il tardo Rinascimento ed il periodo barocco che seguì divennero un'epoca di ombre profonde, di neri cupi sistemati in drammatico contrasto con lumeggiature fulve. Correggio, Caravaggio e Rembrandt operarono prodigi col nero e col bruno. Sarà solo una coincidenza che in mezzo a questo splendore dorato e a queste tenebre pesanti siano emersi parecchi nuovi pigmenti gialli, ocra e bruni? Mai prima del XVII secolo l'artista fu così ben attrezzato per coprire la tela con lumeggiature splendenti, passando via via da ombre rossicce fino a un buio di pece" (6)

Nella tavolozza barocca terra di Siena bruciata, dalla calda sfumatura marrone rossiccio, terra d'ombra, terra di Colonia sono immancabilmente presenti; la terra di Siena bruciata si ottiene per calcinazione di quella naturale; la calcinazione si effettua in fornaci a temperatura moderata, oppure su una lastra arroventata; la terra viene esposta al calore finché non si ottiene la tinta desiderata; durante il processo di calcinazione l'acqua, per effetto del calore, viene sottratta all'idrossido di ferro; la varietà bruciata è più scura e trasparente di quella naturale, di un bellissimo color bruno tendente all'aranciato.

La terra d'ombra compare nella letteratura artistica alla fine del XVI secolo; la sua denominazione indica il tipo di impiego che se ne faceva; essa era infatti usata soprattutto per le ombre dei panneggiamenti gialli e rossi, per quelle dell'incarnato e dei capelli.

La terra di Colonia, il cui nome deriva dai grandi giacimenti nei pressi dell'omonima città tedesca, è un pigmento ad alto contenuto di sostanze organiche, quali torba, lignite terrosa, lignite bituminosa; sono inoltre presenti ossido di ferro, allumina e silice; fu molto usata soprattutto dai pittori olandesi e fiamminghi tra i quali Van Dyck che fece uso anche di un pigmento, molto solido, ricavato per calcinazione dal solfato di ferro o "vetriolo verde"; si ottiene così un ossido di ferro il cui colore varia dal rosso scuro al bruno scuro dalla sfumatura violacea. (7)

" Van Dyck, nonché la Scuola inglese che lo seguì, ricavò i suoi marroni da una sostanza catramosa poco invitante, chiamata asfalto o bitume; è difficile credere che questo materiale niente affatto promettente, residuo della distillazione del petrolio, potesse mai essere considerato di un qualche valore, se non in un'epoca ossessionata dal marrone. Rembrandt era un artigiano abbastanza abile da usarlo senza inconvenienti nelle sue velature bruno rossicce, ma nelle mani di uno sperimentatore scatenato come Reynolds si rivelò disastroso: non asciuga affatto bene, e tende a colare se stesso in strati spessi. Inoltre lo strato superiore indurendosi si ritira e si raggrinza, facendo crepare e arricciare qualsiasi materiale gli venga pennellato sopra. I pittori francesi dell'inizio del XIX secolo, ligi a una versione di chiaroscuro che richiedeva ombre profonde e traslucide, si gettarono sul seducente tono caldo del bitume, solo per scoprirne troppo tardi gli effetti insidiosi. … Van Dyck amava velare le sue ombre con un pigmento simile, chiamato bistro ricavato dalla fuliggine prodotta bruciando legno di faggio o di betulla: non si trattava di un materiale nuovo… ma ci volevano abilità e competenza per utilizzarlo con gli oli. … Almeno, questi materiali scuri erano relativamente economici; lo stesso si può dire delle terre e delle ocre rosse che dominano gran parte delle tele di Van Dyck. Tuttavia i fabbricanti di colori del periodo barocco scoprirono come produrre versioni artificiali di questi pigmenti naturali, per riuscire così a controllarne le sfumature. Il ferro, il metallo "marziale" degli alchimisti, diede vita a una serie di colori derivati dai suoi ossidi sintetici, che andavano dal giallo, al rosso, al bruno e perfino a un porpora cioccolato detto "rosso di Marte". ... Metodi successivi per fabbricare il rosso di Marte permisero di modificare a piacere il colore del prodotto. Il vero slancio per la produzione dei rossi di ferro, tuttavia, si ebbe nel XVIII secolo, quando l'acido solforico divenne un articolo d'importanza commerciale, in particolare come candeggiante per l'industria tessile." (8), (9)

I pittori del XVII secolo usavano mescolare più lacche diverse per ottenere le varie sfumature di rosso; l'arrivo dal Nuovo Mondo di una serie di nuovi coloranti ampliò la gamma dei rossi; fu soprattutto la Cocciniglia a fornire lacche rosse particolarmente brillanti. Allevata sui cactus dagli Aztechi, questo insetto della superfamiglia Coccoidea, le cui femmine gravide sono ricche di acido carminico, sarebbe diventato la voce più importante, insieme ad oro e argento, tra le esportazioni della Spagna dal Nuovo Mondo verso l'Europa. (10)

Nuovi prodotti arrivarono anche dall'Oriente insieme al grande caleidoscopio di merci che Olandesi e Inglesi trasportavano in Europa; tra questi la Gommagutta e il "puri" o Giallo indiano.

La gommagutta (ingl. Gamboge) deriva il suo nome dal fatto che è una sostanza resinosa che esce a goccia (Latino = "gutta") dalle incisioni fatte sul legno di alcune piante della famiglia delle Garcinie originarie delle Indie Orientali e della Cambogia; il suo colore è un giallo oro molto intenso, trasparente, delicato ma con scarsa resistenza alla luce; usata nell'antico Egitto e nell'antico Oriente, fu introdotta in Europa da mercanti olandesi all'inizio del XVII secolo e fu usata ed apprezzata soprattutto dai primi pittori ad olio fiamminghi.

Il giallo indiano è una sostanza colorante organica ottenuta dall'urina seccata di vacche nutrite esclusivamente con foglie di mango. E' costituito da euxantato di magnesio.

" Le foglie del mango, nel processo metabolico delle vacche, causano un incremento della secrezione della bile; l'eccesso di bile passa nelle urine che hanno appunto un forte colore giallo; queste si fanno bollire e il sedimento viene raccolto ed essiccato. Impiegato in India sia per la pittura, in particolare per la miniatura, ed anche per la tintura, trovò applicazione anche nei paesi occidentali, nei quali risulta che venne impiegato già nel XVII secolo.

"E' un colore stabile allo stato puro, non è velenoso, ha un forte potere colorante; per la sua trasparenza e luminosità era molto indicato per tingere e molto usato dai pittori ad acquerello. ... Nel corso del XIX secolo, il giallo indiano fu esportato in Inghilterra dove il colore subiva un'ulteriore lavorazione; veniva sciacquato e purificato, separando il giallo dalla parte verdastra e, confezionato in piccole tavolette, nuovamente seccato. Così preparato, come pigmento per gli artisti, era a sua volta esportato in tutta Europa come specialità inglese. Oggi, in commercio, sotto il nome di giallo indiano si designano dei succedanei a base di lacche. ... Sono apparsi pochissimi scritti di identificazione del pigmento delle opere d'arte in Occidente. Un interessante scoperta è quella di Kuhn a proposito del dipinto di Jan Vermeer *Donna che pesa l'oro* (o "Pesatrice di perle"), risalente al 1662-1663. La sua analisi rivela nel piccolo tendaggio in alto a sinistra un colore giallo trasparente il cui principale componente inorganico è il magnesio. L'osservazione al microscopio mostra inoltre una debole birifrangenza dei cristalli del pigmento, simile a quella osservata, sempre da Kuhn, in altri dipinti del XIX secolo in cui è provato l'uso del giallo indiano..." (11)

Un giallo che ricompare sulla scena è il Giallo di antimonio o giallo egiziano o giallo di Napoli, come fu chiamato a partire dalla sua introduzione in Europa; come s'è già detto, é composto essenzialmente di antimoniato di piombo, ha elevato potere coprente e buona stabilità chimica, si altera soltanto se entra in contatto con pigmenti a base di zolfo e ferro ed é adatto per tutte le tecniche pittoriche.

10) ROCOCO': RITORNO AL COLORE

"Molte importanti ragioni storiche e culturali fanno della Francia la nazione guida del Settecento europeo. Alla centralità politica della Francia settecentesca corrisponde una posizione altrettanto baricentrica nell'evoluzione delle arti.

" Il XVIII secolo francese si apre con una grande novità, l'abbandono delle severe e nobili forme classiciste per un tono più libero e fresco... per buona parte del Settecento la pittura francese predilige uno stile leggero con soggetti galanti, scene piene di grazia..., ritratti "alla moda" in cui si ostentano buon gusto, finezza, nonchalance.

" Il passaggio di stile coincide con la svolta politica del periodo della Reggenza (1715-1723), prima della salita al trono di Luigi XV e dell'affermazione del gusto galante e sottilmente erotico prediletto da Madame de Pompadour. Durante questa fase si assiste al recupero del colorismo rubensiano e, da qui, alla ripresa della pittura "di tocco" del Cinquecento veneto. Prende la forma di un'autentica "moda" che si diffonde rapidamente in Europa.....

" Il principale interprete dello stile Luigi XV è François Boucher (1703-1770), autore di numerosi ritratti di Madame de Pompadour nei più diversi atteggiamenti e abbigliamenti..." (1) Artista estremamente eclettico, nei ritratti della Pompadour usa colori pastellati, caldi e luminosi , quelli preferiti dalla stessa Pompadour per i suoi abiti e i tessuti d'arredamento. La sua tavolozza, intorno al 1760, comprende:

bianco di piombo, giallo di Napoli, ocra gialla, vermiglione, lacca di robbia e cocciniglia, ocra marrone, terra di Siena bruciata, blu di smalto, blu di Prussia.

Il primo grande interprete del periodo Rococò, degli atteggiamenti e delle propensioni della società francese del tempo, è Jean-Antoine Watteau (1684-1721) le cui scelte sia nei soggetti che nei colori, influenzeranno in modo determinante gli altri due grandi interpreti del gusto Rococò, Francois Boucher e Jean-Honoré Fragonard (1732-1808), la cui tavolozza é un omaggio a Rubens ed al colorismo del Cinquecento veneziano; il tocco rapido, sfuggente di Fragonard, che, a prima vista, fa sembrare molte sue opere incompiute, come fossero schizzi preparatori, piacque molto agli Impressionisti, in particolare alla Morisot, alla Cassatt, a Monet e Renoir del quale la freschezza e la rapidità del tocco nel dipinto *La lettrice*, ca.1776, (National Gallery, Washington) sembrano una consapevole anticipazione.

Così come negli abiti anche sulla tavolozza settecentesca ricompare l'intera gamma dei colori; nel periodo Rococò il colore vive un momento di rinnovato protagonismo. Gli studi di Newton sull'origine del colore lo privano di quell'aura di mistero e di origine magico divina; ora il colore può assolvere funzioni che in precedenza gli erano state precluse, ovvero classificare, distinguere, gerarchizzare, indirizzare lo sguardo, e riesce a mostrare ciò che il disegno da solo non è in grado di far conoscere.

Gianbattista Tiepolo (1696-1770) detta il gusto per la decorazione signorile nelle corti; i suoi affreschi che decorano le corti italiane e spagnole sono pieni di scene solari, vivacemente colorate, chiaramente ispirate al recupero della grande tradizione veneta rinascimentale.

Il Rococò è un'esplosione di fantasia, leggiadria, luce e colore, colore che verrà nuovamente domato, ricomposto e subordinato al disegno dal gusto illuminista e neoclassico nella seconda metà del secolo.

Tra le novità sulla tavolozza settecentesca troviamo i colori marziali; scoperti alla fine del secolo precedente e così chiamati in quanto ricavati dal metallo "marziale", ovvero dal ferro, entrano in produzione nel corso del '700. Si preparano dall'ossido di ferro idrato co-precipitato con allume e una sostanza alcalina, calce o potassa. La proporzione della miscela determina il grado di colore; il precipitato viene raccolto, sciacquato con cura e lasciato asciugare. Ciò che si ottiene è il Giallo di Marte dal quale poi si ottengono gli altri colori per successiva calcinazione; a seconda della durata della calcinazione si ottengono dapprima l'arancio, poi il rosso, il nero, il marrone, il violetto. Le proprietà chimiche e fisiche dei colori marziali sono le stesse degli ossidi di ferro naturali; il Giallo di Marte ha la stessa composizione chimica delle ocre gialle, ma può essere distinto da esse in quanto è solubile in acido cloridrico, contiene un'alta proporzione di allumina e non contiene silice. Sono pigmenti dotati di ottima stabilità, sono infatti inalterabili alla luce, all'umidità, alla calce, ed hanno un alto potere colorante. Adatti a tutte le tecniche pittoriche, hanno inoltre una buona capacità siccativa nella pittura ad olio.

Una delle scoperte più entusiasticamente accolte dagli artisti fu quella di un pigmento blu, conosciuto come Blu di Prussia il cui componente di base è ferrocianide di ferro.

Per quanto concerne la scelta dei blu, la tavolozza dell'epoca era ancora piuttosto limitata: il brillante splendore dell'Oltremare, il luminoso blu chiaro tendente al verde dell'Azzurrite ci sono ben noti; lo Smaltino o Blu di smalto, nella sua formula migliore e steso di fresco, poteva avere una sorprendente intensità di colore; in pratica, tuttavia, tra questi pigmenti non v'era un blu che rispondesse alle varie esigenze del pittore. L'oltremare era raro a reperirsi, estremamente costoso e, in parte per via della sua evidente sfumatura porpora, era in molti casi inadatto a miscele con altri colori. Nella seconda metà del XVII secolo anche l'Azzurrite comincia ad essere sempre più rara e pare che nel corso del XVIII secolo non se ne faccia quasi più uso; il suo equivalente sintetico, il Verdeterra azzurro o Verditer, sembra abbia sempre goduto buona fama come colore per la decorazione, ma una certa consistenza granulosa ed un aspetto verdastro, che tendeva a diventare più evidente col passare del tempo, lo rendevano assai meno popolare tra i pittori ad olio e ad acquerello. Lo Smaltino assumeva una tonalità molto pallida quando veniva macinato molto finemente e tendeva a sprofondare nell'olio; inoltre in un legante oleoso perdeva gradualmente il suo colore originario. Tutti questi blu erano trasparenti: la loro intensità di colore si manteneva solo con una macinatura in polvere grossolana. L'indaco, l'unico pigmento blu di origine organica usato al tempo nella pittura ad olio, aveva un'intensa tonalità di colore e, mescolato col giallo, dava dei bei verdi; ma, poiché si conosceva bene la sua tendenza a sbiadire, era poco affidabile. La scelta dei pigmenti blu all'inizio del XVIII secolo era quindi piuttosto scarsa.

"A proposito del processo di sintesi del nuovo blu, nel 1762 il chimico francese Jean Hellot dichiarò:< Nulla è forse più particolare del procedimento con cui si ottiene il blu di Prussia, e bisogna riconoscere che, se il caso non ci avesse messo lo zampino, sarebbe necessaria una profonda conoscenza scientifica per inventarlo>." (2) Ball

Come nel caso di molte altre scoperte, anche quella del blu di Prussia accadde in maniera del tutto accidentale. Nel 1704 il fabbricante di colori Diesbach stava lavorando nel laboratorio berlinese del chimico Konrad Dippel; durante la preparazione di una lacca pigmento rossa Diesbach chiese a Dippel della potassa. Probabilmente per economizzare, Diesbach si fece portare una partita di potassa contaminata con oli preparati da sangue animale; fu un'economia fuor di luogo poiché il suo pigmento divenne molto chiaro. Tentò di concentrarlo, ma il pigmento divenne di un blu profondo. Non aveva idea alcuna del motivo di tale trasformazione, ma fu alquanto accorto nel capire che quel materiale blu poteva avere del potenziale per diventare un pigmento a pieno titolo. Cominciò subito a fabbricarlo e a commerciarlo. Nella prima metà del secolo divenne noto in tutta l'Europa dopo che l'inglese Woodward pubblicò il resoconto della sintesi nel 1724.

Il pigmento iniziò ad essere fabbricato anche a Parigi e nell'arco di alcuni anni lo era in tutta Europa; le sue qualità ed il suo prezzo ne facevano il blu ideale; tuttavia già nel corso del XVIII secolo gli entusiasmi incondizionati si ridimensionarono alquanto quando si cominciò a verificare che neppure il blu di Prussia era esente da difetti; a metà del secolo era già chiaro che il pigmento non poteva essere usato nell'affresco poiché in realtà la calce lo distrugge; inoltre era evidente la sua scarsa stabilità alla luce e la tendenza a variare tonalità se mescolato a pigmenti bianchi per una possibile azione del piombo in essi contenuto. Il carattere instabile del pigmento e le sue reazioni fluttuanti all'azione della luce vennero descritte più tardi, nel 1834, da Franz Fernbach, autore di un saggio sulla pittura ad olio. Egli, dopo aver decorato un pannello con pigmenti legati con copale e resi lisci con essenza di trementina, lo pose ad asciugare al sole; si assentò per un certo tempo e al suo ritorno notò con orrore che le aree dipinte con blu di Prussia si erano scolorite quasi completamente. Attese il mattino seguente per ridipingerle e quando si apprestò al lavoro rimase ancor più attonito nel vedere che il colore si era ricostituito in tutta la sua intensità. Dopo tale esperienza Fernbach ricoprì le parti dipinte con blu di Prussia con spessi fogli di carta e pose nuovamente il pannello nel sole: non avvenne alcun cambiamento. Questo comportamento instabile del blu di Prussia sotto l'effetto della luce fu quasi sistematicamente dimostrato da George Field (1777-1854) nella prima metà del secolo successivo, quando condusse una serie di esperimenti sulla stabilità dei pigmenti usandoli sia ad acquerello che ad olio; Field espose campioni identici all'effetto della luce del sole e dell'aria viziata di una... toilette; lasciò passare oltre cinque settimane, finché la mano di legno brasile o di lacca di cocciniglia persero il loro colore; poi ripeté l'esperimento con campioni identici accuratamente avvolti nella carta per avere un confronto delle reazioni; i campioni di pigmenti erano stati usati con tre diverse intensità: una sottile velatura su bianco; una mano di media intensità; uno strato spesso; in olio, erano sempre inclusi campioni miscelati a bianco di piombo. I pigmenti venivano considerati stabili in rapporto alla perdita di colore che mostravano in confronto al pigmento lacca ordinario preso come elemento comparativo. I suoi campioni di blu di Prussia avevano virato al viola per effetto dell'aria umida e malsana, e si erano scoloriti in misura diversa nella luce del sole, riacquistando però pieno colore se tolti dalle condizioni a cui erano sottoposti per il test. (3)

In commercio esistevano diverse varietà di blu di Prussia, quali, ad esempio, il blu cinese, il blu d'Anversa, il blu di Brunswick, il blu di Parigi, il blu Monthiers; v'erano infatti diversi metodi di preparazione e in ognuno, insieme al ferrocianuro di potassio, entravano in gioco componenti diverse e in dosi differenti che davano poi luogo a diverse varietà del pigmento e ne determinavano una maggiore o minore stabilità.

Nonostante l'insolito e mutevole comportamento il blu di Prussia ebbe comunque grande fortuna per il suo enorme potere coprente e la capacità di produrre toni bellissimi e trasparenti se mescolato ad altri colori; se ne fece vasto uso nelle varie arti decorative e nel XIX secolo ebbe parte importante nelle tavolozze di David, Ingres, degli Impressionisti e di Picasso durante il 'Periodo blu'.

Dal blu di Prussia si ricavarono poi anche due verdi nei quali era miscelato a gommagutta e che ritroviamo nei quadri di Hogarth e Constable. Oggi i colori al ferrocianuro sono ancora prodotti in larga scala, ma con processi notevolmente differenti e assai più rapidi.

La tavolozza di base usata da un allievo del Canaletto (1697-1768)) per *San Simeone Piccolo* è costituita da blu di Prussia, terra verde, giallo di Napoli, ocra gialla, vermiglione e spesso una miscela di cinabro naturale e cinabro artificiale, terra d'ombra, bianco di piombo; Canaletto, come gli altri pittori veneziani su tela del XVIII secolo, usavano pigmenti molto stabili e le loro opere sono state relativamente danneggiate dall'azione della luce; tuttavia in San Simeone il cielo ha subito una perdita di colore per lo sbiadirsi del blu di Prussia causato dall'azione della luce; inoltre è stato dimostrato che i dipinti di questo periodo che contengono blu di Prussia, specialmente quando il pigmento è fortemente diluito con bianco nella realizzazione dei cieli, sono molto più sensibili all'azione della luce.(4)

Il dipinto *Venezia: il giorno della festa di san Rocco*, 1735, (National Gallery of London) conferma la tavolozza di base del Canaletto:

blu di Prussia e bianco di piombo per il cielo;

giallo di Napoli per l'abito dorato del Doge, per i punti più luminosi sui frontoni tassellati sulla finestra della Scuola e sulle cornici delle pitture in mostra lungo le pareti degli edifici;

giallo di Napoli e terra rosso bruna dove la pittura ha una più calda gradazione arancio;

vermiglione per l'abito del Cancelliere Grande

lacca rossa, non per velare, ma come pigmento per produrre i delicati malva e rosa dei drappi. Per esempio, il rosa dei tessuti che pendono dal davanzale della finestra del secondo piano è una miscela di bianco e di lacca pigmento rossa, mentre gli abiti lilla dei tre segretari del Savio Grande contengono gli stessi pigmenti ma con l'aggiunta della sfumatura bluastra conferita dalla fuliggine del nero di carbone per ottenere la giusta gradazione di malva.

Nelle aree verdi un solo pigmento verde è stato trovato: si tratta di una terra verde (glauconite) particolarmente intensa;

mescolata altrove con giallo di Napoli, bianco, nero, o blu di Prussia per realizzare le diverse sfumature di verde.

Tutti le architetture sono dipinte con ocre e terre. (5)

Un colore per il quale si cercava da tempo un'alternativa sicura per la salute di chi lo fabbricava era il bianco; il pigmento bianco per eccellenza era da secoli il bianco di piombo o biacca, perfetto per la tonalità, per il grande potere coprente e per la quantità esigua di olio necessaria a stenderlo sulla superficie da dipingere; nell'affresco tuttavia il bianco di piombo tendeva ad annerire per effetto dell'umidità; ma il problema vero era dato dalla sua alta tossicità che colpiva soprattutto coloro che erano più a diretto contatto con il piombo nelle fasi di preparazione del pigmento; dopo che iniziò la produzione industriale del bianco di piombo i casi di avvelenamento aumentarono; esistono rapporti del XVII e XVIII secolo che mettono in allarme sulle gravi conseguenze alla salute degli operai, in particolare di quelli addetti alla raschiatura del piombo e alla macinatura ed essiccazione del pigmento; diversi palliativi vennero sperimentati per rendere meno pericoloso il lavoro e vennero infine creati nuovi pigmenti bianchi innocui alla salute di chi li fabbricava; quello che possedeva le migliori qualità era indubbiamente il Bianco di zinco; gli artisti però lo usarono pochissimo poiché il suo potere coprente era piuttosto scarso e nella pittura ad olio seccava molto lentamente; nel secondo decennio del XX secolo, poco prima che entrasse in commercio il prodotto che avrebbe risolto definitivamente ogni problema, la biacca continuava ad essere il pigmento bianco più richiesto nel mercato; il nuovo pigmento bianco sarà composto da biossido di titanio; inerte, con un potere coprente maggiore della biacca ed una notevole stabilità, in pochi decenni conquisterà il mercato e diventerà il bianco dominante del XX secolo e oltre.

Gli ultimi decenni del Settecento e i primi dell'Ottocento segnano degli immensi progressi nella ricerca chimica e nella sperimentazione pratica; non a caso in questo periodo compare sul mercato una gran quantità di nuovi pigmenti per l'arte e gli artisti si trovano di fronte ad un inaspettato nuovo potenziale per la loro tavolozza; tuttavia la scelta non è facile poiché si tratta di affidarsi a materiali non sufficientemente sperimentati e dei quali non si può conoscere il risultato nel tempo; alcuni artisti diffidano dei nuovi pigmenti attenendosi all'uso di quelli tradizionali, altri invece si gettano con entusiasmo nella sperimentazione dei nuovi colori. "Non è sorprendente che quanti scelsero la seconda strada tendessero ad essere innovatori anche nello stile artistico: alla fine proprio il colore sulla tela doveva diventare l'elemento discriminante tra conservatori e radicali".(6)

11) TRA DUE SECOLI

Un' ondata di nuovi pigmenti

Le analisi chimico-fisiche condotte sui dipinti e sui materiali pittorici appartenuti ad artisti vissuti tra Settecento ed Ottocento e conservatisi sino ai giorni nostri hanno permesso di ricostruirne con precisione la tavolozza. Una delle testimonianze più interessanti è indubbiamente quella delle opere e dei materiali del pittore inglese J.M.William Turner (1775-1851). Oltre ad usare materiali tradizionali, Turner sperimentò tutti i nuovi pigmenti del suo tempo alla ricerca dei colori capaci di tradurre in effetto visivo l'impressione che la luce naturale, colta in momenti diversi, lasciava nella sua mente. Le opere di Turner sconvolsero i contemporanei e suscitarono le critiche dei conservatori non solo per la presenza di tonalità brillanti e abbaglianti sulle sue tele, ma anche e soprattutto perché la sua tecnica e i suoi colori esprimevano una interpretazione della realtà e della luce totalmente nuova, qualcosa che sconcertava il pubblico vittoriano.

" Un colore così vivido era inconsueto e sconcertante. I vittoriani preferivano, con le parole dello storico d'arte Eric Shane, < la verosimiglianza alla pittoricità, la coloritura sdolcinata alle tonalità brillanti di Turner>. In altre parole, preferivano Reynolds e Gainsborough, che non facevano nascere dubbi su ciò che si supponeva uno stesse guardando. E tuttavia Turner e gli Impressionisti non evitavano affatto la verità, ma ne cercavano un tipo particolare: non la "verità" della convenzione accademica che era una pura idealizzazione e formalizzazione della natura, ma la verità dell'impressione che questa lascia nella mente dell'osservatore. …L'atmosfera domina le opere di Turner, in cui pallidi soli lottano per penetrare ogni genere di nebbie, brume, nubi e tempeste; un critico affermò che *Sun Rising through Vapour*,1807, (National Gallery, Londra) era in potenza un titolo adatto alla maggior parte dei suoi quadri.

"Queste composizioni d'atmosfera avevano bisogno di colore ricco e vibrante, non delle terre smorzate preferite da Constable. ...

"Turner si buttava sui nuovi pigmenti quasi alla velocità con cui i chimici li sfornavano - blu cobalto, verde smeraldo, verde di Guignet, arancio vermiglione, cromato di bario, giallo, arancio e scarlatto di cromo, come pure nuove lacche gialle e rosse - per ogni nuovo materiale introdotto, nel giro di pochi anni egli trovò un'applicazione. ...

"Una sfortunata conseguenza è che entro la fine del XIX secolo parecchie opere di Turner erano già in cattivo stato a causa della scarsa stabilità di alcuni dei nuovi pigmenti."(1)

In occasione del centenario della sua morte, la Tate Gallery di Londra espose i materiali pittorici usati da Turner e ne fece poi eseguire le analisi; tra i nuovi pigmenti gialli ne figurava uno, il Giallo minerale, inventato e brevettato dallo stesso Turner; si tratta di un ossicloruro basico di piombo che si ottiene mescolando due parti di litargirio e una parte di sali ammoniacali in acqua, sino ad ottenere una pasta fluida che si lascia poi riposare per un giorno intero; la pasta viene quindi sciacquata, asciugata e calcinata; una volta raffreddato il materiale ottenuto è pronto per l'uso; a seconda della temperatura e della durata della calcinazione si ottengono diverse tonalità, da un giallo chiaro piuttosto luminoso fino ad un giallo arancio. E' un pigmento dal buon potere coprente, adatto nella pittura ad olio e a tempera, ma non è molto permanente in quanto tende ad annerirsi a contatto con solfuri e se esposto all'azione della luce. Quando, nella prima metà del XIX secolo, fu messo in commercio i pittori se ne servirono ampiamente poiché offriva una grande ricchezza di sfumature e tonalità; poi venne gradualmente abbandonato quando entrarono in commercio i nuovi gialli di cromo. (2)

Nel 1797 il chimico francese Vauquelin aveva scoperto un nuovo metallo all'interno di un minerale proveniente dalla Siberia; Vauquelin lo battezzò "cromo", che in greco significa "colore", in quanto il metallo era in grado di formare composti di svariati e vivaci colori e comprese che la nuova sostanza poteva essere usata per ottenerne un pigmento: nei primissimi anni del XIX secolo il giallo di cromo era già in commercio. Il giallo di cromo è costituito da cromato di piombo e si ottiene facendo reagire un cromato alcalino con una soluzione di acetato o nitrato di piombo; secondo il metodo di preparazione il colore varia dal giallo limone all'arancio.

"L'esatta sfumatura del cromato di piombo può essere regolata facendolo coprecipitare da una soluzione con solfato di piombo; una identica proporzione di ogni sale dà un giallo primula, una miscela al 65% di cromato di piombo un giallo limone, e il colore diventa progressivamente più scuro aumentando la quantità del cromato. Vauquelin scoprì che il colore poteva essere variato anche alterando la temperatura di sintesi che influisce sulla dimensione dei granuli; egli riferisce che l'aggiunta di un acido alla soluzione fornisce un <giallo limone scuro>, che secondo lui è il più apprezzato dai pittori; se il pigmento è un precipitato di una soluzione alcalina, assume una tonalità arancione:< un rosso giallognolo, o a volte uno splendido rosso intenso>. Anteriore a quello di cadmio, l'arancio di cromo fu il primo pigmento di un intenso color arancio puro che gli artisti avessero mai incontrato (il realgar tende al giallo) e fu ben presto adottato con effetti di forte impatto. Nonostante il loro fascino abbagliante, i pigmenti di cromo dovevano essere a portata di tasca perché potessero diffondersi. Ciò non fu mai possibile finché l'unica fonte di cromo si trovava nella lontana Siberia. Nel 1818 un dizionario francese di

"Storia naturale applicata delle arti" informa che perfino gli artisti russi <pagano a caro prezzo> il cromato di piombo; nello stesso anno, però, nella regione del Var, in Francia, furono scoperti depositi del minerale cromite (ossido misto di ferro e cromo), e nel 1820 vennero alla luce anche quelli delle isole Shetland inglesi. L'avidità con cui i nuovi pigmenti erano consumati fu tale che le miniere del Var erano praticamente esaurite entro il 1829, ma nel 1808 furono localizzati siti anche negli Stati Uniti ed entro il 1816 il minerale di cromo destinato alla manifattura di pigmenti veniva importato in Inghilterra attraverso l'Atlantico. I gialli e gli arancioni di cromo puri rimasero piuttosto costosi durante la prima metà del XIX secolo, ma poiché la forza del pigmento è enorme, esso può essere mescolato con notevoli quantità di eccipiente come il solfato di bario. Questo incoraggiò l'uso del giallo nelle vernici commerciali: il suo apparire sulle carrozzerie delle diligenze europee precorse i taxi giallo canarino degli Stati Uniti." (3)

Il giallo di cromo è la base di tutti i pigmenti al cromo in commercio; quando è chimicamente puro è sufficientemente persistente alla luce; rispetto al giallo di cadmio è meno persistente e molto velenoso, ma ha un costo inferiore; inoltre ha un forte potere coprente e la brillantezza della sua tinta non può essere facilmente raggiunta usando altre sostanze.

Con il termine 'Giallo limone' ci si riferisce sia al pigmento a base di cromato di bario che a quello a base di cromato di stronzio, otre che alla miscela dei due che era molto comune nel corso dell'Ottocento; un bellissimo esempio di giallo limone lo si vede nel vestito della *Donna bretone in preghiera*, (Young Christian Girl), 1894, di Paul Gauguin, oggi al S. and F. Clark Institute, Williamstown, MA, USA.

Nel 1809 Vauquelin riuscì a produrre, dall'elemento isolato dodici anni prima, pigmenti di vari colori, giallo, rosso, verde. Nell'arco di una decina d'anni i pigmenti al cromo erano prodotti industrialmente; oltre al già descritto giallo di cromo furono disponibili l'arancio, il rosso ed il verde di cromo.

L'arancio di cromo è cromato basico di piombo e si ottiene facendo reagire il giallo di cromo con una base forte; possiede tutti i pregi del giallo senza però averne i difetti; ha un colore di elevata purezza e intensità ed un alto potere coprente, é assai più resistente alla luce ed inoltre, grazie al suo carattere basico, può essere impiegato anche nell'affresco. Nonostante questi pregi oggi il suo uso va sempre più diminuendo in quanto gli viene preferito l'arancio di cadmio che possiede maggior stabilità.(4)

Un notevole contributo alla conoscenza dei pigmenti usati dagli artisti del XIX secolo ci viene oltre che dall'esame dei materiali pittorici dell'epoca giunti sino a noi, anche dalle annotazioni lasciate dagli stessi fabbricanti di colori e dai chimici che, dopo aver messo a punto la formula per un nuovo pigmento, diversamente da ciò che accadeva nel '700, pubblicano relazioni ufficiali sulla natura, le proprietà ed il procedimento impiegato per ottenerlo. Una figura particolarmente interessante al riguardo è quella del già citato George Field (1777-1854) che fu il principale fornitore di colori di Turner e dei più importanti pittori dell'epoca ed anche il più importante fabbricante inglese di colori del XIX secolo. Field condusse rigorosi esperimenti sulla stabilità dei nuovi pigmenti, svelandone pregi e difetti e rendendo in tal modo gli artisti coscienti dei rischi che potevano correre. Nel 1835 pubblica un testo dal titolo "Cromatografia", un trattato su colori e pigmenti e il loro potenziale in pittura; degli esperimenti da lui eseguiti esistono descrizioni dettagliate in taccuini compilati nel periodo 1804-1825, conservati al Courtauld Institute of Art di Londra; i taccuini contengono campioni di pigmenti, note di esperimenti, e commenti sui colori del tempo, con riferimenti a pittori dell'epoca che gli fornivano spesso campioni di colori; tra i pigmenti da lui perfezionati v'è l'ottimo vermiglio aranciato, una versione del solfuro sintetico di mercurio, esaltato per il tono di colore perfetto per gli incarnati, il potere coprente e l'inalterabilità.(5)

Nel corso dell'Ottocento vengono sintetizzati e poi messi in commercio quasi tutti i pigmenti usati tuttora dagli artisti; i metodi di preparazione sono stati perfezionati e sveltiti, ma i componenti di base dei pigmenti sono rimasti gli stessi.

Un bel giallo inorganico ottenuto per sintesi all'inizio dell'Ottocento è il Giallo di cadmio; in commercio dal 1846, il pigmento, costituito da solfuro di cadmio, si ottiene artificialmente da un sale di cadmio, il minerale scoperto da Stromeyer nel 1817; a seconda dei diversi metodi di preparazione si ottengono pigmenti gialli con diverse intensità di colore; oggi è indubbiamente uno dei colori più importanti nella tavolozza degli artisti per le sue pregevoli qualità che lo rendono adatto a tutte le tecniche pittoriche: buon potere coprente, inalterabilità alla luce, all'umidità e alla presenza di solfuri, resistente alla calce, non è velenoso; due soli difetti: non vuole essere mescolato a pigmenti a base di piombo ed è piuttosto costoso.

Il Rosso di cadmio è un pigmento permanente, molto coprente con un tono di rosso intenso: Matisse (1869-1954) lo adorava e ne fece il protagonista di vari dipinti trai quali i famosi *La stanza rossa*, 1908, (Hermitage, San Pietroburgo) e *Lo studio rosso,*1911, (MoMa, New York) dove l'artista stende il pigmento piatto, senza alcuna modellatura, per preservarne il fascino e la purezza.

E' un composto di cadmio sulfoselenide; brevettato in Germania nel 1892. Variando le proporzioni del cadmio e del selenio si ottiene una gamma di colori dall'arancio al marrone scuro.

Il Giallo di zinco, cromato basico di zinco e potassio, viene scoperto da Vauquelin nel 1809 e messo in commercio solo a metà del secolo.

E' un pigmento lucente, di colore giallo limone; il suo potere coprente è inferiore a quello del giallo di cromo, ma resiste molto meglio all'azione dell'acido solforico; è usato dagli artisti nella pittura ad olio e ad acquerello.

Nel XVIII secolo i toni verdi erano ancora ottenuti da miscele di altri colori o da derivati del rame; anche i nuovi pigmenti verdi scoperti alla fine del secolo, come ad esempio il verde di Scheele, il Verde smeraldo o di Schweinfurt e il verde di Brunswick, derivavano ancora dal rame e di conseguenza, come tutti i colori di questo tipo, avevano diverse caratteristiche negative, quali il debole potere coprente e l'instabilità del colore,oltre ad essere fortemente tossici.

Il verde smeraldo, tanto amato da Monet e Cezanne per il colore luminoso e denso, affascina molti altri artisti, decoratori di interni, disegnatori e tintori che ne usano la versione solubile per tingere gli abiti del colore divenuto al tempo molto di moda; ma dietro tanta bellezza si nascondeva un pericoloso killer, silenzioso e sfuggente. La micidiale composizione, arsenico e verdigris, è responsabile di molti decessi tra i bambini che dormivano in camere con le pareti dipinte o rivestite con carta al verde smeraldo a causa delle esalazioni di arsenico ed anche tra gli adulti che indossavano in particolare biancheria di seta tinta con il colorante corrispettivo. Nelle case vittoriane la presenza di questo killer era massiccia: carte da parati, ornamenti floreali artificiali, candele, decorazioni per dolci ! In un banchetto di ufficiali nella Londra del 1850 la tavola era decorata con foglie di zucchero colorate al verde di arsenico; molti degli invitati le portarono a casa per offrirle ai loro bambini causando la morte di molti di loro. Nonostante medici e chimici avessero capito la pericolosità di tali materiali al verde di arsenico, i loro appelli rimasero inascoltati e nel 1870 il Regno Unito era diventato il più grande produttore mondiale di arsenico. Nel coso degli anni Settanta dell'Ottocento nuovi coloranti sintetici verdi cominciarono a sostituire quelli all'arsenico; eppure, nonostante l'evidenza scientifica della sua tossicità, la produzione del verde smeraldo non fu proibita fino agli anni Sessanta del Novecento.

(Oggi i pigmenti verdi in commercio etichettati come 'Verde smeraldo' sono totalmente privi del micidiale arsenico)

Nel 1780 il chimico svedese Sven Rinman inventò il Verde di cobalto, calcinando insieme cobalto ed ossido di zinco; il nuovo verde divenne disponibile in commercio nel 1835 quando, secondo il parere di alcuni studiosi, l'ossido di zinco fu prodotto su larga scala. Il verde di cobalto, tuttora in uso, fu definito chimicamente e artisticamente perfetto; é infatti adatto a tutte le tecniche pittoriche, con un'ottima resistenza alla luce e alla calce, non attaccabile da alcali, con un bel colore verde blu brillante; tuttavia non ha un elevato potere coprente, un difetto che non gli permise di incontrare il dovuto favore tra i pittori. All'inizio dell'Ottocento si iniziano a fabbricare i colori al cromo, dotati di tinte belle, luminose e intense, di grande stabilità chimica e permanenza; nel 1838, a Parigi, viene fabbricato il più stabile tra tutti i pigmenti verdi, si tratta del Viridian, detto anche Guignet's green o Verde di ossido di cromo idrato, che si ottiene con vari metodi, più comunemente dalla calcinazione di una miscela di potassio con acido borico e zolfo. Il pigmento è di un bellissimo verde intenso, con un'ottima stabilità alla luce, all'umidità, alla calce e si può usare con tutti i tipi di leganti. Il viridian sarà quasi sempre presente nella tavolozza degli Impressionisti e delle successive generazioni di pittori. Per la sua stabilità oggi viene usato anche negli inchiostri e come vernice per le auto.

Nell'arco della prima metà dell'Ottocento vengono creati i pigmenti al cobalto; questi pigmenti sono dotati di grande stabilità, resistenza alla luce e sono inalterabili con la maggior parte dei prodotti chimici ausiliari. Il più antico pigmento con un contenuto di cobalto era lo smaltino o blu di smalto che agli inizi del XIX secolo è sostituito da un nuovo pigmento di cobalto sintetizzato nel 1802; si tratta del Blu di cobalto, un alluminato di cobalto, derivante dalla combinazione di ossido di cobalto e alluminio; l'ossido di cobalto è presente in natura sotto forma di polvere nera; fu usato in Medio Oriente per smaltare in blu la ceramica almeno dall'VIII secolo e divenne assai popolare nel XIV secolo quando fu usato per le ceramiche della dinastia Ming. IL blu di cobalto è un pigmento dotato di molte qualità; è stabile, resistente alla luce e all'umidità, inalterabile da acidi ed alcali, quindi ottimo anche per l'affresco; ha un bel colore brillante che varia dal blu chiaro al blu verde a seconda della proporzione dei componenti. Il processo per ottenere il blu di cobalto è pubblicato per la prima volta nel 1802 in Francia da L.J.Thénard; il procedimento usato dal chimico francese consiste nel calcinare una miscela di allumina e fosfato di cobalto in proporzioni variabili secondo la tinta che si intende ottenere; la quantità di allumina presente nella miscela determina l'intensità e la tinta del pigmento. Viste le sue qualità, il blu di cobalto diviene ben presto, e lo è tuttora, oggetto di imitazioni e falsificazioni.

Un altro pigmento di cobalto è il Blu ceruleo, composto da stannato di cobalto. Il processo per ottenerlo è sviluppato in Germania nel 1805; nel 1860 è messo in commercio dalla ditta inglese Rowney & Co.

Si ottiene precipitando cloruro di cobalto con stannato di potassio e si miscela successivamente con silice e solfato di calcio. E' altamente stabile, inerte alla luce naturale ed artificiale, inalterabile da acidi ed alcali, con un bel colore blu chiaro; a questo punto non è difficile immaginare che l'alto costo costituisca il suo difetto; difetto che, come abbiamo già visto per il verde, pesava anche sugli altri colori al cobalto compreso un bel giallo in vendita come pigmento a metà del secolo battezzato dagli artisti "aureolina" ed ampiamente usato solo nella pittura ad acquerello.

155

Nonostante il favore che il blu di Prussia godeva presso gli artisti, la scoperta dei suoi difetti fece sentire la necessità di trovare un blu con caratteristiche pienamente soddisfacenti. I chimici mirano alla sintesi dell'oltremare, ma non è così semplice capirne la composizione poiché l'insieme di elementi presenti nella lazurite, il minerale che conferisce il colore tipico al lapislazzuli, è complessa e variabile; i campioni mostrano infatti quantità diverse di sodio e di zolfo, in alcuni sono presenti ioni di cloruro o solfato. Nel 1806 viene pubblicata l'analisi della composizione dell'oltremare compiuta dai chimici francesi J.B. Désormes e F. Clement: si tratta di un composto di soda, silice, allumina e zolfo. In base a questa indicazione si identificano i composti azzurri derivati come sottoprodotti di alcune lavorazioni industriali, in particolare quella della soda; inoltre nel 1787, Goethe, durante uno dei suoi viaggi in Italia, aveva già notato depositi azzurri presenti nei forni da calce nell'area di Palermo; questi depositi venivano asportati e tagliati ed usati nella zona a scopo decorativo al posto del lapislazzuli. Alcuni anni dopo il chimico francese M. Tassaert osserva la stessa cosa in Francia, nell'industria del vetro a S.Gobin dove i depositi blu si erano formati nelle fornaci di soda. Tassaert chiede a Vauquelin di analizzare quel materiale blu e il risultato è una composizione molto simile a quella che Désormes e Clément hanno dato per l'oltremare.

Nel 1824 la Società di Sviluppo per l'Industria Nazionale offre un premio di 6.000 franchi a chi sia capace di trovare un valido metodo di produzione industriale del pigmento e ad un prezzo di vendita inferiore ai trecento franchi al chilo.

Nel 1826 Jean Baptiste Guimet, un fabbricante di colori di Tolosa, sintetizza l'oltremare nel suo laboratorio di Parigi ed inizia a venderlo ad un decimo del prezzo dell'oltremare naturale; la Società assegna il premio a Guimet e due anni dopo l'Oltremare sintetico viene già prodotto su scala industriale. (6)

L'oltremare artificiale, detto anche "blu di Guimet", "oltremare francese", "blu permanente", ha dunque una composizione chimica simile a quella del lapislazzuli; nel processo di sintesi, carbonato o solfato di sodio, alluminio, zolfo, carbone di legna, silice vengono macinati e miscelati, quindi posti a riscaldare lentamente in forno privo di aria. La sostanza che se ne ricava dopo il raffreddamento è una massa vetrosa di colore verde che deve essere macinata nuovamente, lavata per eliminare le impurità solubili e asciugata; dopo di che viene riscaldata ad una temperatura di 750°C alla quale assume la colorazione blu; la tonalità del colore può essere variata cambiando la proporzione dei componenti della miscela. La sostanza blu, una volta lavata e macinata finemente, diventa il pigmento oltremare artificiale.

" L'oltremare artificiale, ha i granuli regolari, piccoli e rotondi, a differenza di quelli dell'oltremare naturale, che invece sono di dimensioni irregolari. Questa diversità tra i due pigmenti fa apparire, con luce trasmessa, l'oltremare artificiale più smorzato e meno vivo dell'oltremare naturale, perché nel pigmento moderno la grana regolare fa sì che la luce venga diffusa in maniera uguale in tutte le direzioni, mentre nel pigmento ricavato dal lapislazzuli le particelle più grandi e più piccole producono un effetto più vivo e più brillante." (7)

Le proprietà dell'oltremare artificiale sono simili a quelle del pigmento naturale; è stabile, ha un buon potere coprente, è adatto a tutte le tecniche pittoriche; eppure quando fu disponibile sul mercato non riscosse inizialmente il successo che avrebbe meritato e gli artisti continuarono per un certo tempo ad essere diffidenti verso un prodotto artificiale in grado di rivaleggiare con il tanto pregiato oltremare naturale. Verso la fine del secolo, constatate le reali qualità del nuovo pigmento, incluso un prezzo decisamente ridicolo a confronto del blu di lapislazzuli, l'oltremare artificiale è, insieme al blu di cobalto, il blu fondamentale nella tavolozza dei pittori.

Nel suo famoso dipinto *Gli ombrelli,* (National Gallery, Londra) eseguito in due momenti diversi tra il 1881 ed il 1885, Renoir fa uso prima del blu di cobalto e poi del meno costoso oltremare artificiale, miscelandoli entrambi a lacca rossa per conferire al blu quel lieve riflesso purpureo iridescente.

I nuovi colori, che presentano caratteristiche e possibilità del tutto nuove rispetto ai materiali precedenti, vengono ampiamente usati dagli Impressionisti desiderosi di catturare sulla tela il vibrare del colore e i giochi della luce sulla realtà circostante e nei vari momenti del giorno; ma non è solo la disponibilità di pigmenti adatti alle loro tensioni artistiche che permette di creare opere dai colori così luminosi e prorompenti; è anche e soprattutto il modo in cui gli Impressionisti usano il colore che rende le loro opere tanto speciali, per quegli effetti di luminosità intensa, e totalmente innovatrici rispetto alla tradizionale pittura accademica. La loro pennellata è vigorosa e spessa; in molti casi i colori sono miscelati direttamente sulla tela oppure il pennello è passato con tocco lieve sulle tinte contigue e lasciano che sia l'occhio dell'osservatore a creare la miscela, secondo il processo chiamato miscelazione ottica del colore. Usano molto spesso colori puri, non miscelati, in contrasto tra loro per farli risaltare al massimo, usando un sottofondo chiaro o addirittura lasciando la tela senza alcun sottofondo. Nella tecnica impressionista dell'uso del colore giocano un ruolo estremamente importante le nuove teorie sui colori. L'opera del chimico francese Eugene Chevreul (1786-1889), 'Sulla legge del contrasto simultaneo dei colori', appare nel 1839 e diviene subito un testo fondamentale per i pittori; nel 1824 Chevreul viene nominato direttore della tintoria nella fabbrica di arazzi di Gobelin; la sua esperienza all'interno della prestigiosa manifattura lo porta a studiare ed elaborare un metodo rigoroso nella classificazione dei colori e a pubblicare le sue teorie sul colore e sulla sua applicazione pratica. Nota che la tessitura dei filati viene spesso eseguita con l'accostamento di tonalità complementari, o quasi, e il risultato é che guardati da lontano i colori non si distinguono, ma si fondono sulla retina. (8)

Scopre che i colori cambiano in relazione agli altri colori ai quali si trovano vicini, che i colori complementari, o quelli direttamente opposti l'uno all'altro nella sua ruota del colore creano gli effetti più intensi se posti gli uni vicino agli altri; le combinazioni di rosso-verde o blu-arancio provocano una reale vibrazione nell'occhio dell'osservatore ed il colore sembra quasi balzare fuori dalla tela. (9)

Un esempio eloquente dell'applicazione del contrasto di colore ci è offerto da Renoir in uno dei suoi più famosi dipinti, conservato alla National Gallery di Londra, per il quale riportiamo il commento di Ball:

"In barca sulla Senna di Renoir, 1879-80, presenta una barchetta di un arancio stridente, sullo sfondo dell'acqua azzurro cupo, mentre le ombre rosse della prua sono complementari ad una zona di fogliame verde in primo piano ed edifici pallidi gettano lumeggiature gialle tra i porpora dei loro riflessi indistinti; in questo quadro i pigmenti (a parte la biacca) sono limitati a sei, e tutti, tranne i rossi, sono "moderni" sintetici: blu cobalto, verde di Guignet, giallo cromo, giallo limone (cromato di stronzio), arancio cromo (cromato basico di piombo), vermiglione e lacca rossa. Sono applicati quasi senza essere miscelati, e l'impatto del nuovo arancio puro non è mai stato più evidente, usato con pennellate spesse e nette per la sagoma della barca. Il fiume è raffigurato con blu cobalto puro, con solo qualche tocco di bianco qua e là e una velatura di lacca rossa per costruire le ombre purpuree." (10)

Quanto fosse efficace l'accostamento di complementari e primari lo aveva ben capito anche Van Gogh; nei due dipinti *Cafè*

Terrasse sulla piazza del Forum, 1888,(Museo Kroller-Muller, Otterlo, Olanda) e *Caffè di notte*, 1888, (Art Gallery, Yale University) il contrasto simultaneo crea due atmosfere completamente diverse. Nel primo l'artista ricrea la tranquilla, silenziosa atmosfera di un caffè in un piccola piazza di Arles in una notte serena e stellata; l'artista fa muovere lo sguardo attorno al dipinto non attraverso la composizione ma col l'uso dei complementari; la profondità è creata dal fatto che il colore freddo recede verso il fondo mentre i colori caldi avanzano in primo piano; per il cielo notturno e la porta in primo piano usa blu di Prussia e viridian con qualche tocco di lacca rossa: per i gialli usa giallo cromo limone e per gli arancioni una miscela di giallo cromo limone e lacca geranio.

Nel secondo dipinto, stando alle sue stesse parole, Van Gogh dice di aver cercato di esprimere le terribili passioni dell'umanità attraverso il rosso e il verde; tutto il dipinto è infatti un urto ed un contrasto stridente dei più disperati rossi e verdi. L'artista lo dipinge sovrapponendo spessi strati di colore, senza lesinare sulla quantità di pigmento usato e ne spiega il motivo in una delle sue lettere al fratello Théo: " Tutti i colori che gli impressionisti hanno reso di moda sono instabili, quindi a maggior ragione non bisogna aver timore di stenderli in modo troppo crudo...il tempo ne ammorbidirà i toni anche troppo".

Van Gogh , come gli altri pittori del suo tempo, accoglie i nuovi colori brillanti con grande entusiasmo, li sperimenta avidamente, ma come tutti gli altri non ne conosce le reali qualità né i possibili difetti; non poteva quindi prevedere che molti dei suoi dipinti avrebbero subito una totale decolorazione od un forte imbrunimento dove vengono usati la lacca geranio o rosso di eosina, inventato a Parigi nel 1871, e il giallo di cromo, usato dall'artista anche nelle numerose versioni de *I girasoli*. Almeno una ventina di opere tra quelle presenti al museo di Amsterdam nelle quali Van Gogh ha usato la lacca geranio, una tonalità che l'artista adorava, presentano un deterioramento non trascurabile rispetto alle tonalità originarie: quello che egli dipinse in rosa si è trasformato in bianco, fiori dalle tonalità purpuree ora sono azzurri con chiazze malva. Né sono stati risparmiati i celebri *Iris* del Metropolitan Museum di New York: lo sfondo, ora bianco, era originariamente di un rosa vivace. Colpevole di queste alterazioni sarebbe la luce; infatti confrontando le copie degli stessi dipinti eseguite ad acquerello si vede chiaramente che la lacca geranio, protetta dall'esposizione alla luce, ha mantenuto tutta la sua vivace tonalità. Altre vittime illustri sono alcune versioni de *I girasoli* nelle quali il giallo di cromo tende ora al marrone, come ad esempio nella versione presente ad Amsterdam; al contrario la versione presente alla National Gallery di Londra, che viene anche considerata la più bella in assoluto, è rimasta inalterata; anche in questo caso l'esposizione alla luce sembra tra i colpevoli più accreditati considerando anche che i girasoli di Amsterdam hanno viaggiato moltissimo mentre quelli di Londra non sono mai stati spostati. Tuttavia non è ancora del tutto chiaro quali siano tutti i reali fattori che hanno determinato il deterioramento del giallo di cromo in questa come in altre opere.

Van Gogh aveva dunque ragione a non risparmiare i nuovi colori poiché solo il tempo ne avrebbe rivelato le reali caratteristiche.

Il lavoro dei pittori, specialmente di quelli che dipingono all'aria aperta, viene facilitato notevolmente da quando, nel 1841, la ditta inglese Winsor & Newton inizia a commercializzare i nuovi colori moderni in tubetti di stagno morbido inventatati dal pittore americano John Rand; si trattò di una vera rivoluzione nella tavolozza e nella tecnica dei pittori *en plein air*. i quali prima di questa invenzione dovevano conservare i colori a olio in pacchetti di vescica di maiale per evitare che si seccassero troppo rapidamente. Così commentò Renoir:" Sono i colori in tubetti facilmente trasportabili che ci hanno consentito di dipingere dal vero in maniera completa. Senza i colori in tubetti, niente Cézanne, niente Monet, niente Sisley né Pissarro, niente di ciò che i giornalisti avrebbero chiamato impressionismo".(11)

Le Tavolozze di Monet e Cèzanne

Esaminando la tavolozza usata da Monet nel 1869 per il dipinto *Bagnanti a La Grenouillère* (National Gallery, Londra) ciò che risulta considerevole non é tanto il fatto che i pigmenti usati per quest'opera rappresentano l'intero set di colori che Monet (1840-1926) continuò ad usare nel corso della sua lunga carriera; ciò che é notevole é il fatto che quasi tutti i pigmenti usati nel 1869 sono prodotti dell'epoca stessa di Monet; uniche eccezioni: vermiglione e blu di Prussia. Monet infatti usa il blu di cobalto come principale pigmento per l'acqua, usato puro o miscelato a biacca, a piccole quantità di blu di Prussia e viola di cobalto per le variazioni tonali dell'acqua; giallo di cromo e giallo limone (cromato di bario) miscelati per formare i gialli brillanti degli alberi nello sfondo; verde smeraldo e viridian, entrambi in varie miscele, per formare le diverse sfumature di verde; verde cromo- una miscela omogenea di giallo cromo e blu di Prussia- per la tinta vivida giallo verde del fogliame sul lato sinistro del dipinto; viola di cobalto in varie miscele, per esempio nei mezzi toni blu dell'acqua e per i fiori violetti sul lato sinistro.(12)Verso fine Ottocento il giallo di cromo sarà rimpiazzato dal giallo di cadmio; secondo la testimonianza di Moisse, il suo fornitore di colori, negli ultimi anni, Monet gli richiedeva: bianco di piombo, viola cobalto chiaro, verde smeraldo, oltremare sintetico extra fine , vermiglione -qualche rara volta-, tre tonalità di giallo di cadmio: chiaro, scuro, limone; 'oltremare giallo limone' (probabilmente zinco giallo) Negli anni del '900 Monet tende a fa minor uso di miscele e ad usare colori più puri. La tavolozza dei *Water Lilies* dipinta dopo il 1916, oggi alla National Gallery di Londra è costituita da:

bianco di piombo
viola cobalto chiaro
viridian
blu di cobalto
oltremare sintetico
vermiglione
giallo di cadmio
giallo di zinco/bario

La tavolozza per *Irises*, ca. 1914, (London Nat. Gallery) è costituita da:

bianco di piombo
viola di cobalto chiaro
viridian
blu di cobalto
oltremare sintetico
giallo di cadmio
arancio di cadmio
giallo di zinco/bario
lacca pigmento rossa, molto probabilmente ricavata dalla robbia

I pigmenti presenti in queste due tavolozze corrispondono alle raccomandazioni fatte dagli studiosi contemporanei quali il Vibert che, in appendice ad un suo ciclo di conferenze tenute alla Scuola di Belle Arti, fa una lista dei pigmenti 'buoni' e 'cattivi'; tralasciandone molti in quanto instabili o perché incompatibili nelle miscele, ne salva soltanto una decina: bianco di piombo, bianco di zinco, i gialli di cadmio, vermiglione, blu di cobalto, oltremare sintetico, verde di cobalto, viridian e viola di cobalto, una lista che corrisponde ampiamente alle scelte di Monet negli anni del Novecento. (13)

Negli anni Settanta dell'Ottocento Cèzanne (1839-1906) diventa amico di Pissarro (1830-1903) ed inizia a dipingere insieme a lui; la sua tavolozza si trasforma e assume una nuova personalità, e dagli anni Ottanta i pigmenti rimarranno gli stessi fino alla sua morte. Dalle analisi di alcuni dei suoi dipinti presenti alla National Gallery di Londra risulta che la lista di pigmenti riportata dall'amico e artista Emile Bernard durante la sua ultima visita a Cézanne nel 1905 corrisponde quasi totalmente alla seguente tavolozza emersa dalle analisi tecniche:

bianco di piombo
giallo di cromo, giallo d'ocra, lacca gialla
vermiglione, terra rossa, lacca di robbia e cocciniglia
viridian, verde smeraldo, terra verde
blu di cobalto, oltremare sintetico, blu di Prussia.

Cézanne, in perenne debito verso il suo fornitore, si serve inizialmente solo di blu di Prussia al quale aggiunge col tempo l'oltremare; quando la sua posizione economica comincia a consolidarsi, dopo il 1986, si nota un crescente uso di blu di cobalto (ad esempio ne *Le Bagnanti* di Londra)

Nei dipinti alla National Gallery verde smeraldo, vermiglione e ocra gialla sono usati spesso; bianco di piombo e nero di carbone sono presenti in tutte le opere esaminate; il viridian è usato spesso; il giallo di cromo si trova in tre dipinti, compreso *Le Bagnanti*, datati dal 1880; la terra rossa è poco presente; la lacca di cocciniglia su un substrato di stagno è usata ne *Le Bagnanti*. Quanto al 'brilliant yellow' e al 'peach black' della lista Bernard si ritiene che il primo sia una varietà di giallo di Napoli preparata da giallo di cromo e bianco di piombo mentre il secondo è probabilmente nero di carbone vegetale (14). Non è stata trovata, nei dipinti di Londra traccia di 'rose madder' una lacca a base di robbia, molto popolare come pigmento per gli artisti dopo che la pianta fu importata in Olanda nel XVI secolo. Il colorante era estratto con un acido; il precipitato, principalmente (pseudo)purpurina, era nuovamente dissolto in allume e nuovamente precipitato con carbonato di calcio per ottenere una bella lacca rosa. (15)

I nuovi colori sono così belli, corposi, brillanti che vengono guardati e considerati da molti artisti come un'opera d'arte in sé.

Una nuova visione del colore

Cézanne fonderà il concetto di colore come principio costruttivo dell'arte, che segnerà tutto il XX secolo; un colore riscattato pienamente dalla tradizione, un colore che dà forma, che è di per sé forma, che é volto e voce delle emozioni, delle passioni, delle gioie, delle tragedie o delle visioni oniriche dell'artista.

I Fauves usano il colore in modo istintivo quale mezzo per emozionare e per liberare emozioni; eliminando ogni sfumatura, ogni effetto di volume e profondità, usano pennellate intense di colori esuberanti, luminosi, in maggioranza primari e in forte contrasto, colori innaturali e vibranti, simbolo della totale indipendenza dell'opera rispetto al soggetto; c'è già nei Fauves la tendenza ad usare i colori come le note, per ottenere gli stessi effetti emotivi; ed il legame tra musica e pittura è ancora più evidente in Kandinskij (1866-1944) e nei pittori del Blaue Reiter che usano spesso il termine 'vibrazione' per indicare l'effetto visivo suscitato dai colori che intendono imitare quello dei suoni e tradurre in immagini le stesse emozioni, immagini astratte capaci di esprimere gli identici stati d'animo che si provano ascoltando la musica; un colore spirituale capace di dare voce all'interiorità dell'artista, un colore che produce forti emozioni, un colore percepito come entità vivente che è rivelazione di un mondo interiore poiché ciò che conta non è l'effetto sensoriale ma la risonanza spirituale; colori irreali e spesso delicati nel mondo onirico e idealizzato di Franz Marc (1880-1916), colori che rispondono all'obiettivo, condiviso con Kandinskij, di dare una dimensione spirituale alla materia e comunicare i valori dell'interiorità; i suoi famosi cavalli sono spesso blu, il colore della spiritualità più profonda, e c'è tutto un mondo animale rappresentato con colori innaturali a sottolineare che non ci si trova di fronte ad una rappresentazione naturalistica, ma all'evocazione di un sogno o alla rappresentazione visiva di un'emozione che sta provando l'artista.

La splendide armonie cromatiche di Marc si basano su una tavolozza in maggior parte 'moderna' nella quale, oltre alla terra rossa, al vermiglione, al blu di Prussia e al nero d'avorio, sono presenti tutti i migliori pigmenti di ultima generazione: bianco di zinco, giallo limone, lacca di alizarina, verde smeraldo, viridian, blu ceruleo, oltremare sintetico, viola di cobalto.

Negli anni del 'periodo blu', dal 1901 al 1904, Picasso usa il blu nelle sue varie gradazioni come unico colore per esprimere dolore e depressione personali ma anche la sofferenza dell'intera umanità; si avvale del blu di cobalto e del blu di Prussia, limitandosi a piccole quantità di giallo di cadmio per creare diverse sfumature. Superato questo triste periodo, la sua tavolozza comincia ad ampliarsi sempre più sino a divenire antesignana di sperimentazioni inedite.

Con *Les Demoiselles d'Avignon* 1907, (MoMA, New York) ci troviamo di fronte ad una svolta non solo per lo sviluppo della personalità artistica di Picasso ma anche dell'arte tutta. La tavolozza usata per questo dipinto comprende: bianco di piombo, vermiglione, blu di cobalto, ocra, nero d'ossa, verde smeraldo e giallo di cadmio.

Pochi anni dopo la tavolozza dell'eclettico e stravagante genio dell'incipiente secolo accoglierà delle novità assolute per la pittura. Precoce campione dei materiali industriali nel campo delle belle arti, Picasso inizierà a sperimentare le vernici per gli interni sin dal 1912, ben prima dell'introduzione di PVA, alchidi e acrilici, resi più tardi popolari da artisti come Jackson Pollock, David Alfaro Siqueiros e Morris Louis.

La scelta dell'artista per tali materiali non tradizionali sembra dettata dalla loro consistenza e dalla disponibilità di una vasta gamma di colori così come da un radicale interesse avanguardista nell'introdurre questi prodotti per la casa- pitture e vernici per muri e barche- nella sua produzione artistica. Gli smalti prodotti dalla ditta francese Ripolin vennero presto scoperti anche da altri artisti; i dipinti di Picasso, Picabia ed altri suoi contemporanei che si pensa contengano questi nuovi materiali diventeranno noti come'dipinti Ripolin'. In effetti i colori Ripolin erano brillanti, formavano una superficie piatta, lucida sulla quale non rimaneva alcun segno del pennello, e si asciugavano rapidamente. Uno splendido esempio del risultato è conservato all'AIC (Art Institute Chicago); si tratta di *The Red Armchair*,1931, eseguita da Picasso ad olio con colori Ripolin.

Sono tuttavia ancora molti i supposti 'dipinti Ripolin' di Picasso da analizzare e proprio di recente si sono formati gruppi di ricerca sia presso l'AIC e presso il Museo di Antibes che possiede una straordinaria collezione di lavori dell'artista catalano

Con Picasso e le sue ardite innovazioni siamo già in pieno XX secolo un periodo che presenta molte altre novità sia per la nascita delle più disparate correnti artistiche che per l'uso di nuovi materiali.

12) UNA TAVOLOZZA SENZA CONFINI

Nel 1920, più di cento anni dopo la scoperta del metallo nel 1796, viene introdotto sul mercato il Bianco di Titanio costituito da biossido di titanio, TiO2. Questo nuovo bianco sostituirà del tutto il bianco di piombo, altamente tossico, ed il bianco di zinco il cui potere coprente non era soddisfacente. Unico pigmento inorganico di grande rilievo del XX secolo, il bianco di titanio è un materiale molto resistente, con grande potere coprente e trova moltissime applicazioni oltre all'uso come materiale pittorico.

L'inizio del XX secolo vede la nascita di tre gruppi di pigmenti organici sintetici.

In Germania, dove era concentrata la maggior parte dell'industria chimica europea, grazie ai progressi della chimica organica strutturale, si scopre che sali insolubili di coloranti azoici potevano essere sintetizzati senza doverli trasformare in lacche. Il primo pigmento azoico é il giallo tartrazina brevettato nel 1884; nel 1911 segue un altro gruppo di pigmenti azoici noti con il nome Hansa, tra i quali il giallo Hansa G, molto brillante, e di grande successo commerciale. Il colore di questi pigmenti va dal giallo limone al rosso bordò e trovano largo impiego nell'industria delle vernici e degli inchiostri.

Scoperti per caso nella prima metà del '900, il gruppo di pigmenti blu e verdi, chiamato Fhtalocianine, rivelarono notevoli proprietà quanto ad intensità di colore, resistenza alla luce e ai reagenti chimici; molto popolari presso gli artisti risultano tra i pigmenti più venduti in assoluto.

All'inizio della metà del XX secolo compaiono sul mercato i pigmenti chinacridonici dotati di ottima stabilità alla luce, notevole potere coprente e colorante, utilizzati in particolare per la verniciatura delle auto; i colori vanno dal rosso arancio al violetto;

gli espressionisti astratti di New York accolsero con grande favore le loro forti tonalità.

Negli anni Trenta del '900 escono sul mercato i colori a base di resine sintetiche, i nuovi leganti sintetici che rivoluzionano il modo di impiegare il colore; la novità quindi non è nel pigmento o nel colorante ma nel mezzo disperdente, costituito da una serie di polimeri organici di vario tipo, tra cui le resine acriliche, le resine di polivinilacetato o PVA e le resine alchidiche.

L'industria americana mette in commercio un buon numero di nuove vernici per auto e pitture a smalto per gli interni che presentano notevoli novità e vantaggi; hanno colori brillanti, resistenza alla luce, si stendono con grande facilità; i nuovi leganti, le resine sintetiche, ne garantiscono anche una rapida asciugatura. Inizialmente la maggior parte dei fabbricanti di tali vernici resterà del tutto ignara del fatto che buona parte di questi prodotti finirà sulle tele di grandi artisti come Pollock (1912-1956), Siqueiros (1896-1974), Stella (nato nel 1936), Warhol (1928-1987).

Tra la fine degli anni trenta e l'inizio degli anni quaranta New York si sostituisce a Parigi come centro artistico mondiale, come nuova capitale mondiale dell'arte moderna; gli artisti americani attivi a New York negli anni quaranta, tra i quali, per citarne alcuni, Jackson Pollock e Mark Rothko, sono considerati la prima generazione dell'Espressionismo astratto della scuola di New York.

Per questi artisti dipingere rappresenta una dimostrazione di libertà creativa, un'energica e individualistica espressione segnico-gestuale priva di ogni condizionamento compositivo, formale, figurativo.

Nel 1936 Jackson Pollock e David Alfaro Siqueiros condividono a New York un proprio laboratorio, spesso frequentato da artisti che verranno notevolmente influenzati dalle nuove tecniche e dai nuovi pigmenti che i due artisti vanno sperimentando in quegli anni e dal loro rapporto con il colore.

Siqueiros comincia a usare resine, smalti e vernici per auto ed é il primo dei grandi muralisti messicani, a valersi dell'aerografo a scopo artistico. Egli cola, spruzza, sgocciola i colori per ottenere gli effetti che essi creano in modo imprevedibile; molti dei suoi lavori sono anche caratterizzati da contorni decisi, ampi e vigorosi.

Jackson Pollock, abbandonata la pittura da cavalletto, inizia un nuovo rapporto con la tela e con la tecnica per dipingerla; sente il bisogno di un rapporto diverso con i suoi materiali; stende le sue grandi tele sul pavimento e con incredibile abilità, muovendosi intorno alla tela stessa, a volte entrandovi materialmente, lascia fluire da uno speciale pennello che pesca direttamente nel barattolo di vernice un filo di colore al quale l'artista fa assumere la forma che desidera manovrando abilmente con il braccio; è la tecnica conosciuta come 'dripping'(sgocciolamento). In un'intervista del 1947 Pollock dichiara che sul pavimento si trova più a suo agio, si sente più vicino all'opera, si sente parte del dipinto "perché in questo modo io posso camminargli intorno, lavorare da tutti i quattro lati , ed essere letteralmente dentro al dipinto."

E' la 'pittura d'azione' (Action Painting) dove l'artista attraverso l'azione, ovvero il gesto del dipingere, esterna direttamente le proprie pulsioni interiori del momento, "una pittura immediata, libera, spontanea nella quale tutto il corpo dell'artista viene coinvolto nella realizzazione dell'opera la cui esecuzione viene affidata alla gestualità del braccio. … L'action painting è l'espressione di uno stato d'animo, lo scoppio di una carica di energia, l'esplosione di una pulsione interiore che non si estrinsecano secondo un predeterminato progetto, ma seguono quasi automaticamente un incontrollabile impulso del profondo…" (1)

E' anche il dominio del colore che nell'Espressionismo astratto americano trova due diverse correnti interpretative: Pollock e de Kooning esemplificano quella caratterizzata da pennellate energiche, e composizioni ritmiche, dinamiche; Mark Rothko (1903-1970) incarna il lirismo astratto: un richiamo alla contemplazione fatto di armonie di colori a tutto campo, intensi o delicati con velature leggere, trasparenti. Rothko usa i colori ad olio, unitamente ai nuovi colori acrilici e spesso spolverizza la superficie dipinta con pigmenti in polvere dando al colore un aspetto satinato ed etereo.(2) Per stendere il colore si avvale spesso di spugne più che di pennelli, " e di una materia cromatica diluita al massimo, quasi impalpabile, in modo da creare un effetto visivo di immaterialità, e sentimentale di mistero e trascendenza." (3)

Quando il grande collezionista Duncan Phillips, fondatore della Phillips Collection di Washington, vide i dipinti di Rothko provò un'empatia immediata, rivelando di comprendere perfettamente l'impatto emozionale del colore. Phillips acquistò tre tele, *Green and Maroon* 1953, *Green and Tangerine on Red* 1956 e *Orange and Red on Red* 1957; guardando ai dipinti di Rothko, Phillips scriveva:

"Ciò che richiamano non sono ricordi ma antiche emozioni turbate. o dissolte -- un senso di improvviso benessere offuscato da una nube -- ocre gialle curiosamente soffuse da una nuvola di grigio che prevale su un'atmosfera di rosa o il fuoco che si estingue in uno scintillio di braci, o la luce quando comincia a scendere la notte"

Nel 1960 Phillips dedicò una stanza ai soli dipinti di Rothko; una piccola stanza accogliente, con un dipinto su ciascuna parete (nel 1964 aveva acquistato *Ochre and Red on Red* 1954) con luci tenui e soffuse per dar più vigore alla risonanza dei colori, e sedie per chi si immergeva a lungo nell'osservazione. Fin dall'inizio la stanza venne concepita come uno spazio meditativo, secondo lo stesso Phillips una sorta di 'cappella'.

In gran parte dei dipinti di puro colore eseguiti nel '68 Rothko usa i colori acrilici, pigmenti con resine acriliche come leganti, che acquistano crescente importanza e favore da parte dei pittori grazie alle loro peculiari caratteristiche: sono diluibili con acqua, essiccano rapidamente e rimangono stabili in ogni condizione atmosferica, sono lisci ed opachi, ma possono diventare trasparenti se diluiti maggiormente e sono utilizzabili su ogni tipo di supporto. Saranno i colori prediletti di gran parte degli artisti della seconda generazione dell'Espressionismo astratto.

L'eclettico Frank Stella (nato 1936), oltre a sperimentare nuovi tipi di supporti, userà tecniche diverse e pigmenti di più tipi in una sola opera; ad esempio in *Gobba, zoppa e collotorto* del 1985(Art Institute of Chicago) si avvale di colori ad olio, smalti uretanici, resine alchidiche fluorescenti, colori acrilici ed inchiostri da stampa su un supporto di magnesio e alluminio inciso. La formula dei 'mixed media' è prevalente nella maggior parte dei più famosi artisti americani di questa e delle successive generazioni; un ultimo esempio: nel *Ritratto di Brooke Hayward* (Tate London) eseguito nel 1973 da Andy Warhol gli strati di colore, tranne le parti in nero, sono eseguiti con emulsioni acriliche; per le aree in nero così come per l'imprimitura bianca sono state usate resine alchidiche; i pigmenti rossi e rosa sono chinacridoni sintetici rossi.

La tavolozza è in continua espansione ma senza escludere per questo i pigmenti tradizionali; l'artista può scegliere oggi tra una gamma incredibile di alternative secondo il suo stile e la tecnica pittorica nella quale preferisce esprimersi; e basta sfogliare il catalogo di ditte storiche e prestigiose, come l'inglese Winsor &Newton o la tedesca Kremer, per rendersi pienamente conto che la scelta è davvero senza confini.

NOTE

La ricerca del colore

1) La *goethite* è il principale componente della Limonite che è un ossido di ferro

2) AA.VV., 1991, *La fabbrica dei colori*, ed. Il Bagatto
Brunello, Franco, 1968, *L'arte della tintura nella storia dell'umanità*,
ed. Neri Pozza
Delamare F. e Guineau B., 2000, *Colors*, Harry N. Abrams Inc., New York
Vignaud C., Pomies M-P. e Menu M., 2001, *Le Scienze Dossier N. 9*

Antico Egitto

1) Ball, Philip, 2002, *Colore, una biografia*, Rizzoli, Milano

2) "   " *op. cit.*, p. 70

3) Luzzatto L. e Pompas R., 1988, *Il significato dei colori nelle civiltà antiche*,
Rusconi, Milano

4) Brunello, F., *"Colori e pitture nell'Antico Egitto e in Mesopotamia"*
in Pitture e Vernici, n° 4, 1967
Augusti, Selim, 1986, *I colori pompeiani*, De Luca Editore

5) Augusti, Selim, 1986, *op. cit.*

6) Brunello, F., 1967, *art. cit.*
AA.VV., 1991, *La fabbrica dei colori,* ed. Il Bagatto
Pagès S. e Colinart S., 2001, *Le Scienze Dossier, N. 9*

7) Brunello, Franco, 1967, *art. cit.*

8) Brunello, Franco, 1967, *art. cit.*

Antica Mesopotamia

1) Ball, Philip, 2002, *op.cit.*

2) Luzzatto L. e Pompas R., 1988, *op. cit.*, pp. 134-145

3) Luzzatto L. e Pompas R., 1988, *op. cit.*

4) Brunello, Franco, 1967, *art. cit.*

Antichità classica

1) Ball, Philip, *op. cit.*, pp. 58, 75-77, 13, 25, 74

2) Luzzatto L. e Pompas R., *op. cit.*, p. 11

3) Ball, Philip, *op. cit.*, pp. 58, 74

4) AA.VV, 1991, *La fabbrica dei colori*
   Augusti, Selim, 1986, *op. cit.*

5) Augusti, Selim, *op. cit.*

6) "   "   "

7) "   "   "

8) "   "   "

La tavolozza medievale

1) Luzzatto, L e Pompas, R, 1997, *I colori del vestire*, Ed. Hoepli

2) Pastoreau, M., 2000, op. cit.

3) Pierini Marco, *L'Unicorno*

4) Monnas, L.,2008, *Princes, Merchants and Painters*, Yale University Press

5) Brunello,F. (a cura di)-1992, *De Arte Illuminandi*, 52

6) Dizionario di chimica in www.minerva.unito.it

7) Gage, J.-1999, *Colour and culture*, p- 139

8) Ball,P.-2002, op. cit., pp. 81-86

9) AA.VV.,1991, *La fabbrica dei colori*

10) Brunello,F. (a cura di)-1992, *op. cit.*, 13

11) Brunello,F., '*I colori nel trattato Compositiones ad tingenda*', in "Pitture e vernici", Dic.'74

12) Brunello,F. (a cura di)-1992, *op.cit.*, p. 238

13) "   "   "   "   " 180

14) Devoto,G.-1979, *Avviamento alla etimologia italiana*, 53, 455

15) Brunello,F. (a cura di)-1992, *op. cit.* p. 209

16) Brunello,F.-1968, *op. cit.*, p. 134

17) Ball,P.-2002, *op. cit.*, p. 90

18) "   "   " 91

19) "   "   " 92

20) "   "   " 104

21) Brunello, Franco (a cura di), 1992, *De Arte Illuminandi*

22) "   "   "   "

23) Weinstein, Crystyna, 1998, *L'arte dei manoscritti medievali*, Idea Libri

24) Brunello,F. (a cura di)-1992, *op. cit.*, p. 69

25) "   "   "   "   " 79

26) Hoeninger,C., *JAIC 1991,Vol. 30, N.2*, pp. 115-124

27) AA.VV.,1991, *La fabbrica dei colori*

28) Linzi,Carlo-1984, *Tecnica della pittura e dei colori*, pp. 76-79

29) Ball,P., *op. cit.*, p. 109

30) Brunello,F.(a cura di)-2001, *Il Libro dell'Arte di Cennino Cennini*

31) Ball,P. *op. cit.*, p. 112

32) "   " , " 113

33) Saldarelli,R., in *Omnibus* n.1- Marzo 2001

34) Brunello,F.(a cura di)-2001, *Il Libro dell'Arte di Cennino Cennini*

35) Saldarelli,R., *op. cit.*

36) "   "

37) "   "

38) AA.VV.,1991, *La fabbrica dei colori*

39) Della Torre Arrigoni,D., 'C'era una volta il Kermes', in *La Seta*, 2011-2

40) "   "   ", Viaggio nella tradizione dei coloranti naturali:INDIA, I parte in *La Seta*, 2010-3

41) Brunello,F- (a cura di)-1992, *De Arte Illuminandi*, 222

42) AA.VV.., 1991, *La fabbrica dei colori*

Tavolozze a confronto nella Firenze del tardo Quattrocento

1) Dunkerton J., Roy A., 'The Materials of a Group of Late Fifteenth-century Florentine Panel Paintings'', *National Gallery Technical Bulletin*, Vol. 17, pp 20-31

La citta' del colore

1) Hills, Paul, 1999, *Venetian Colour*, Yale University Press- New Haven and London

2) Lazzarini, Lorenzo, 1983, 'Il colore nei pittori veneziani tra il 1480 e il 1580,' in *Bollettino d'Arte* 1983, suppl. n°5, Studi Veneziani-Ricerche di Archivio e di Laboratorio, pp.131-144

3) Ball, Philip, 2002, *op. cit.*

4) Lazzarini, Lorenzo, 1983, *op. cit.*

5) Ball, Philip, 2002, *op. cit.*, pp. 115,128, 114, 116

6) Ball, Philip, 2002, *op. cit.*, pp. 120-123

7) Hills, Paul, 1999, *op. cit.*

8) Lazzarini, Lorenzo, 1983, *op. cit.*

9) Hills, Paul, 1999, *op. cit.*

10) Ball, Philip, 2002, *op. cit.*, pp. 133-134

11) Hills, Paul, 1999, *op. cit.*

12) Lazzarini, Lorenzo,1983, *op. cit.*, p. 142

13) Hills, Paul, 1999, *op. cit.*

14) Boomford, D., 2000, *Colour*, National Gallery of London

15) Penny,N., Roy, A., Spring, M., ' Veronese's Paintings in the National Gallery,Techniques and Materials: part II'. *National Gallery Technical Bulletin* Vol.17, pp. 32-55

16) Berrie, H. Barbara e Matthew, C. Louisa, 2006, in '*Bellini, Giorgione, Tiziano and the Renaissance of Venetian Painting*', National Gallery of Art, Washington

17) Berrie, H. Barbara e Matthew, C. Louisa , 2010, *Trade in Artist Materials*, Archetype Publ.

18) Bomford D., Dunkerton J.,Gordon D., Roy,A., *Art In The Making- Italian painting before 1400*, London 1989, pp. 30-43

Antwerp, grande mercato dellarte

1) Vermeylen Filip, 2010, in *Trade in Artist Material*, Archetype Publ.

2) Ball, P.,*op. cit.* p. 152

3)Plesters, J.,. 'Samson and Delilah': Rubens and the Art and Craft of Painting on Panel ' *National Gallery Technical Bulletin,* Vol. 7, pp. 30-49

Luci ed ombre del Barocco

1) Ball, Philip, 2002, *op. cit.*, p. 138

2) ”   “   “   “ , p. 139

3) ”   “   “   “ , pp. 140-1

4) Pastoreau, Michel, 2000, *op. cit.*, p. 107

5) Ball, Philip, 2002, *op. cit.*, pp. 153-4

6) ”   “   “   “ p. 143

7) AA.VV., 1991, *La fabbrica dei colori*

8) Ball, Philip, 2002, *op. cit.*, pp. 144-46

9) L'ossido di ferro è un sottoprodotto della fabbricazione dell'acido solforico

10) Della Torre Arrigoni, D., 'Messico: ritorno alla tradizione', in *La Seta*, 2010-2

11) AA.VV., 1991, *La fabbrica dei colori*

Rococò: ritorno al colore

1) AA.VV., 2000, *Il Ritratto*, ed. Electa, pp. 139-43

2) Ball, Philip, 2002, *op. cit.*, p. 252

3) Kirby, Jo, 'Fading and colour change of Prussian Blue: Occurrences and Early Reports', *National Gallery Technical Bulletin*,Vol.14, pp. 62-71

4) Boomford D. and Roy A., 1993, 'Canaletto's Stonemason's Yard and San Simeone Piccolo,'*National Gallery Technical Bulletin*, Vol.14, pp. 34-41

5) Boomford, D., and Roy, A., 'Canaletto's 'Venice: The Feastday of S. Roch' *National Gallery Technical Bulletin*, Vol. 6, pp. 40-43

6) Ball, Philip, 2002, *op. cit.*, p. 158

Tra due secoli

1) Ball, Philip, 2002, *op. cit.*, pp. 171-72

2) AA.VV., 1991, *La fabbrica dei colori*

3) Ball, Philip, 2002. *op. cit.*, pp- 166-67

4) AA.VV., 1991, *La fabbrica dei colori*

5) AA.VV., 1991 , *La fabbrica dei colori*

6) Ball P., 2002, *op. cit.*

7) AA.VV., 1991, *La fabbrica dei colori*
   Harley R.D., 2001, *Artists' Pigments, c.1600 – 1835*, Archetype Publications, London
8) AA.VV., 1991, *La fabbrica dei colori*
   Ball, Philip, 2002, *op. cit.*

9)Colori primari: Rosso, Blu, Giallo
   Complementare di un Primario:il colore che si ottiene miscelando gli altri due:
   Rosso +Blu = Viola
   Blu +Giallo =Verde
   Giallo +Rosso = Arancio
   Sulla Ruota dei colori i Complementari si trovano sul lato opposto rispetto ai
                                                                              Primari
10) Ball, Philip, 2002, *op. cit.*, pp. 192-93

11) Renoir,Jean, 1963, *'Renoir mio padre '*, p. 77, ed. Garzanti

12) Wilson M., Wyld M. and Ashok Roy, 1981, in 'Monet's Bathers at La Grenouillere', *National Gallery Technical Bulletin*, Vol.5, pp. 14-25

13) Roy, A., 'Monet's palette in the Twentieth Century: Water –Lilies and Irises'' *National Gallery Technical Bulletin*, Vol.28, pp. 58-68

14) Reissner, E., 2008,'Ways of Making: Practice and Innovation in Cézanne's Paintings the National Gallery', *National Gallery Technical Bulletin*, Vol.29, pp. 4-30

179

15) CAMEO.mfa.org

Una tavolozza senza confini

1) Torselli Vilma in *artonweb*

2) MET MUSEUM, Rothko, *description of No. 13* (White, Red on Yellow, 1958)

3) AA.VV., 2006, *L'Arte Contemporanea,* in 'La Storia dell'Arte', vol. 18, Electa

BIBLIOGRAFIA

AA.VV , 1991, *La fabbrica dei colori*, Il Bagatto

AA.VV. , 2000, *Il Ritratto*, Electa,

AA.VV. , 1991, *Giotto to Dürer, Early Renaissance Painting in The National Gallery, London*, National Gallery Publications

AA.VV., 2006, *Giorgione, Bellini, Tiziano and the Renaissance of Venetian Painting*, Publ. National Gallery of Art, Washington

AA.VV., 2006, *Storia dell'Arte*, Mondadori-Electa

AA.VV., 2010, *Trade in Artists' Materials*, Archetype Publ., London

Augusti, Selim, 1986, *I colori pompeiani*,

Ball, Philip, 2002, *Colore, una biografia*, Rizzoli

Bomford, D., 2000, *Colour*, National Gallery Publications London

Boomford,D, Brown,C., Roy,A., *Art in the Making: Rembrandt*, National Gallery Publications, London 1989

Bomford D., Dunkerton J.,Gordon D., Roy,A., *Art In The Making- Italian painting before 1400*, National Gallery Publications, London 1988

Boomford,D., Kirby,J.,Leighton,J., Roy,A., *Art in the Making: Impressionism*, The National Gallery and Yale University Press London 1990

Brunello, F., 1973, *L'arte della tintura a Venezia nel Rinascimento*, Ed. Laniera, Biella

Brunello, F., (a cura di), 2001, *Il Libro dell'Arte di Cennino Cennini*, Neri Pozza, Vicenza

Brunello, F., (a cura di), 1992, *De Arte Illuminandi*, Neri Pozza, Vicenza

Brunello, F., 1964, *"L'arte della tintura a Venezia nel XVIII secolo"* in Cultura e Scuola, Anno III, n.10
Brunello, F., *"Le materie coloranti nei più antichi statuti dei tintori"* in Laniera, Anno 84°- n 4

Brunello, F., 1974, "*I colori nel trattato Compositiones ad tingenda del secolo VIII*" in Pitture e Vernici, n12

Davanzo Poli, Doretta (a cura di), 1988, *I mestieri della moda a Venezia,*

Delamare F. e Guineau B., 2000, *Colors*, Harry N. Abrams Inc., New York

Della Torre Arrigoni, D., Viaggio nella tradizione dei coloranti naturali, in *La Seta*, 2010, 2-3 e 2011, 2

Diderot e D'Alembert, *Encyclopèdie des sciences des arts et des metiers,* Tavole, Vol.X

Doerner, Max, 1984, *The Materials of the Artist and their use in painting,* Harvest Ed.,

Dronsfield, Alan and Edmonds, John, 2001, *The Transition from Natural to Synthetic Dyes*, Edmonds Ed.,

Edelstein S.M. e Borghetty H.C., 1969, *The "Plichto" of Giovan Ventura Rosetti,* Londra and Cambridge (Mass.)

Edmonds, John, 1999, *The History and Practice of Eighteenth Century,* Edmonds Ed.

Gage, John, 1999, *Colour and culture*, University of California Press

Garfield, Simon, 2002, *Il Malva di Perkin*, Garzanti

Harley,R.D., 2001, *Artsts' Pigments, c. 1600-1835*, Archetype Publications, London

Hills, Paul, 1999, *Venetian Colour*, Yale University Press-New Haven and London

Hoeninger, Cathleen, 1991, '*The Identification of Blue Pigments in early sienese painting by color infrared photogfaphy*', Journal of the American Institute of Conservation 1991, Vol. 30, N.2, pp.115-124

Lazzarini, L.,"*Il colore nei pittori veneziani tra il 1480 e il 1580*", Bollettino d'Arte 1983, supplemento N. 5, Studi Veneziani- Ricerche di Archivio e di Laboratorio pp.135-144
Linzi, Carlo, 1984, *Tecnica della pittura e dei colori*, Hoepli,

Luzzatto Lia e Pompas Reanata, 1988, *Il significato dei colori nelle civiltà antiche*, Rusconi Editore

"...."........."........."........., 1997, *I Colori del Vestire*, Hoepli

Monnas,L., 2008, *Princes, Merchants and Painters*, Yale University Press

National Gallery Technical Bulletin: Voll. 5 /6 /7 /9 / 14/ 17 /28 /29

Pastoreau, Michel, 2000, *Blu, storia di un colore*, Ponte alle Grazie, MI

"   "   ", 1987, *L'uomo e il colore*, Giunti, FI

Pierini , M., *L'Unicorno*

Sandberg, Gösta, 1997, *The Red Dyes: Cochineal, Madder, and Murex Purple*, Lark Books

Watt James C.Y.and Wardwell Anne E., 1997, *When Silk was Gold*, The Metropolitan Museum of Art, New York

Weinstein, Krystyna, 1998, *L'arte dei manoscritti medievali*, Idea Libri

INDICE DEI MATERIALI

184

Cinabro 35, 41, 54, 64, 87, 118, 144
Cinabro artificiale 23, 58, 61, 91, 92, 105, 106, 111, 114, 115, 119, 127, 129,
            138, 144, 159, 162, 163, 164, 166
Chinacridonici 168
Chrysocolla 40, 47, 61, 97
Cinabrese chiara 55
Cinnabaris indicus >vedi Sangue di drago
Coccininiglia 94, 111, 122, 133, 135, 139, 142, 164
Colori acrilici 169, 171, 172
Crete calcaree (Paraetonium,Melinum, Selinusia, Cimolia, Eretria, Argentaria) 35
Cromato di bario 148, 150
Chrozophora tinctoria 65, 73, 82
Diaspro rosso 54, 93
Elephantinum >vedi Nero d'avorio
Ematite 11, 12
Folium >vedi Chrozophora tinctoria
Fritta di Alessandria >vedi Azzurro egiziano
Ftalocianine 168
Giallo di antimonio 21, 32, 95, 136, 138, 144, 145
Giallo di cadmio 152, 163, 166
Giallo di cromo 149, 150, 159, 160, 161, 162, 164
Giallo di Marte 140
Giallo di Napoli >vedi Giallo di antimonio
Giallo di ossido di piombo 21
Giallo di piombo/stagno 94, 105, 106, 111, 114, 115, 119, 122, 125, 127, 133
Giallo di zinco 152
Giallo di zinco/bario 163
Giallo egiziano > Giallo di antimonio
Giallo indiano 135, 136
Giallo limone 150, 159, 162, 166
Giallo minerale 148
Giallorino 94, 97, 98
Gommagutta 135
Gommalacca 93
Grani d'Avignone 80
Guado 47, 53, 62
Indaco 35, 39, 47, 51, 54, 65, 82, 84, 96, 100, 122, 141
Kermes 18, 25, 63, 64, 81, 93, 94, 101, 111, 122, 129
Lacca di alizarina 166
Lacca geranio 160, 161
Lacca gialla 119, 122
Lacca indiana 54, 93, 105

INDICE DELLE PERSONE